어린이의 친구
# 방정환

새시대 큰인물 22

어린이의 친구

# 방정환

개정판 1쇄 | 2006년 2월 28일
개정판 5쇄 | 2012년 5월 30일

지은이 | 햇살과나무꾼
그린이 | 성병희
발행인 | 양원석
편집장 | 전혜원
디자인 | 최현숙
마케팅 | 김경만, 곽희은, 송기현, 우지연
제작 | 문태일, 김수진

펴낸곳 | (주)알에이치코리아
주소 | 153-802 서울시 금천구 가산디지털 2로 53, 20층(한라시그마밸리)
전화 | 02-6443-8870(내용), 02-6443-8838(구입), 02-6443-8962(팩스)
등록 | 2004년 1월 15일 제2-3726호

ISBN 978-89-5986-360-0  74990
      978-89-5986-338-9  (세트)

**RHK** 는 랜덤하우스코리아의 새 이름입니다. 더 유익한 콘텐츠로 여러분과 함께하겠습니다.

어린이의 친구

# 방정환

햇살과나무꾼 글 | 성병희 그림

주니어 RHK

## 글쓴이의 말

여러분은 한 해 중 어느 날이 가장 즐거운가요? 생일날? 크리스마스? 소풍 가는 날? 아마 어린이날도 빠뜨릴 수 없을 거예요. 어린이날이 되면 우리가 세상의 주인인 양 어른들이 우리 말을 척척 들어 주잖아요. 방정환은 이 즐거운 어린이날을 우리에게 선사한 분이랍니다.

방정환이 살던 시대에 어린이들은 어른들로부터 몹시 구박받고 푸대접을 받았어요. 귀찮고 성가신 존재로 여겨진 것은 물론이고, 어른의 심부름꾼 취급받기 일쑤였지요. 방정환은 이러한 시대에 어린이를 아끼고 존중해야 한다고 주장했어요. 어린이를 모자란다고 보고 일방적으로 다그치고 나무라는 어른들에게, 어린이는 자기만의 독자적인 세계를 가진 독립된 인격체임을 알리고 그 세계를 북돋고 풍성하게 해 주는 것이 어른이 할 일이라고 가르쳤어요.

이러한 믿음을 바탕으로 방정환은 어린이 모임을 만들고, 어린이를 위한 잡지를 만들었으며, 어린이날을 만들기도 했어요. 마이크도 없던 시절에 전국을 돌며 어린이들에게 옛날 이야기를 들려주었고요.

　방정환은 이것이 어린이만을 위한 일이라 생각하지 않았어요. 일본으로부터 빼앗긴 나라를 되찾으려면 미래의 주인인 어린이를 잘 길러야 한다고 믿었거든요. 방정환은 어린이들에게 민족 정신을 일깨운다는 이유로 경찰서에 끌려가 조사를 받고 감옥에 갇힌 적도 많았어요. 하지만 그럴수록 더욱 꿋꿋이 일어나 어린이와 우리 겨레를 위해 자신의 길을 힘차게 걸어갔지요.

　이 책은 바로 그러한 방정환의 삶을 담고 있어요. "씩씩하고 참된 어린이가 됩시다. 늘 사랑하며 도와 갑시다."라고 하신 선생님의 당부를 되새기며, 이제 다 같이 방정환 선생님의 삶 속으로 들어가 봅시다.

2004년 겨울 햇살과나무꾼

## 차례

글쓴이의 말 · 4

### 동화를 들려주는 아저씨 · 9

### 슬픈 누이 · 14
■ 결혼을 일찍하던 시절 · 20

### 빼앗긴 나라 · 22
■ 한일 의병을 싹쓸이한 남한 대토벌 작전 · 28

### 무엇을 할 것인가? · 29
■ 친일파가 된 지식인 최남선(1890~1957) · 33

### 천도교당에 드나들다 · 35
■ 방정환의 장인 의암 손병희(1861~1922) · 40

### 아, 3·1 운동! · 41
■ 태화관은 어떤 곳일까? · 49

### 독립 신문을 펴내다 · 51
■ 침착하게 위기를 넘긴 방정환 · 57

### 물거품이 되고 만 독립의 염원 · 58
■ 약소국을 울린 민족 자결주의 · 63

### 길을 찾다 · 65
■ 〈불켜는 이〉와 '어린이' · 73

**식민지 어린이들에게 바친 《사랑의 선물》· 74**
- 민족의 정기를 일깨운 잡지 《개벽》· 80

**어린이를 위한 잡지 《어린이》· 82**
- 아동 문학의 발전을 이끈 잡지 《어린이》· 88

**어린이에게 우리 노래를 지어 주시오 · 90**
- 나라 잃은 백성의 슬픔을 달래 준 윤극영의 〈반달〉· 97

**희망의 새 명절, 어린이날 · 99**
- 어린이에게 존댓말을 쓰자고 주장한 김기전 · 106

**빛과 그림자 · 108**
- 간수들도 감동시킨 방정환의 이야기 · 112

**멋지 않는 코피 · 113**
- 바다를 좋아한 방정환 · 117

**울음바다가 된 장례식장 · 118**

열린 주제 · 122
인물 돋보기 · 124
연대표 · 126

방정환

# 1
# 동화를 들려주는 아저씨

　　1928년 여름, 어린이 일천여 명이 서울에 있는 천도교 기념회관에 모여 있어요. 쿵쾅쿵쾅 뛰어다니며 장난을 치는 아이, 옆에 앉은 친구와 티격태격 싸우는 아이, 무어 그리 급하게 할 말이 있는지 저 멀리 앉아 있는 친구를 숨넘어가게 부르는 아이……. 천도교당은 아이들이 떠드는 소리로 물 끓는 냄비처럼 와글거렸습니다.

　　그런데 갑자기 곳곳에서 '쉿, 쉿!' 하는 소리가 새어 나왔어요. 기념회관 안은 삽시간에 쥐죽은 듯 조용해졌어요. 그리고 땅딸막한 아저씨 한 분이 무대에 서서 어린이들에게 다정하게 인사를 했습니다.

"어린이 여러분, 안녕하세요? 소파 방정환입니다. 방학인데 다들 어떻게 지내셨어요?"

"집에서 심부름만 했어요."

"친구들이랑 강에 가서 놀았어요."

아이들이 와글와글 대답을 했어요. 아저씨는 미소가 가득한 얼굴로 아이들이 대답을 끝마치기를 기다렸어요.

그러곤 나긋나긋한 목소리로 이야기를 시작했습니다.

"오늘은 여러분을 위해 신데렐라 이야기를 들려줄게요. 옛날, 어느 나라에 신데렐라라는 어여쁜 여자아이가 살고 있었어요. 신데렐라는 어머니를 여의고 아버지와 단둘이 살았어요. 그런데 어느 날, 아버지가 딸이 둘 딸린 심술궂은 과부를 아내로 맞았답니다."

아이들은 침을 꼴깍 삼키고 아저씨의 이야기에 귀를 기울였어요. 그러더니 신데렐라가 새엄마와 언니들에게 구박을 받는 대목에 이르자, 훌쩍훌쩍 눈물을 흘리기 시작했습니다. 무대에 선 아저씨도 울면서 이야기를 했어요.

" '어머니, 아버지! 나도 무도회에 가고 싶어요! 왕자님과 춤을 춰 보고 싶어요!'

신데렐라는 밤하늘에 반짝이는 별을 보며 소리쳤어요.

그러다 재투성이에 누더기 옷을 보더니 주저앉아 흐느껴 울기 시작했지요.

'어머니, 왜 그렇게 일찍 돌아가셨어요? 아버지, 왜 나만 두고 돌아가셨어요?'"

아저씨가 신데렐라인 양 하늘을 쳐다보고 울부짖자 아이들은 아예 엉엉 울어댔어요.

그 모습을 보고 아저씨는 가슴이 아팠어요. 어리다고, 가난하다고, 나라 없는 백성이라고, 천대받고 무시당하는 어린이들이 부모를 잃고 구박받는 신데렐라와 다를 바 없어 보였거든요. 아저씨가 어린이들에게 신데렐라 이야기를 들려주는 까닭도 여기에 있었어요. 착한 신데렐라가 유리 구두를 선물 받고 왕자와 결혼을 하듯이, 착하고 바르게 살아가면 복을 받는다는 사실을 알려 주고 싶었지요.

누구 하나 서럽지 않은 이가 없던 일제 강점기에, 어리다는 이유로 더욱 설움을 겪어야 했던 어린 영혼들에게 동화를 들려주며 마음을 달래 주던 아저씨. 이분이 어린이를 위해 평생을 바쳐 일하신 방정환 선생님입니다.

# 2
# 슬픈 누이

　방정환은 1899년 11월 9일, 서울 야주개(지금의 당주동)에 있는 큰 부잣집에서 태어났어요. 할아버지와 아버지가 싸전(쌀가게)과 어물전(말린 해산물을 파는 가게)을 크게 했는데, 커다란 기와집 두 채를 사서 담을 허물고 한 집으로 쓸 만큼 돈을 많이 벌었지요.

　야주개에서 장사하는 사람치고 방씨네를 모르는 이가 없었어요. 덕분에 정환은 먹고 싶은 것이나 갖고 싶은 것이 있으면 아무 가게에나 가서 들고 나올 수 있었답니다. 그럼 할아버지가 나중에 한꺼번에 외상값을 계산해 주었거든요.

그런데 정환이 아홉 살 되던 해에, 넉넉하던 정환의 집안은 하루아침에 망하고 말았어요. 커다란 집과 번쩍거리던 살림살이를 빚쟁이한테 넘기고 조그만 짐수레에 이부자리와 솥 몇 개를 싣고 이사를 가면서, 어른들은 기가 막혀 아무 말도 하지 못했어요. 멋모르는 정환만 이사가는 것이 신이 나서 까불거렸고, 두 살 위의 누나는 내내 정환을 쫓아다니며 얌전히 하라고 주의를 주었지요.

짐수레는 산자락에 있는, 작고 다 허물어져 가는 초가집 앞에 멈춰 섰어요. 할아버지와 아버지가 짐을 풀고, 할머니와 어머니가 빗자루와 걸레를 들고 집 안을 청소하기 시작했지요.

그제야 정환은 뭔가 이상하다는 걸 알아차렸어요. 그리고 누나에게 조용히 물었습니다.

"누나, 앞으로 우리 여기서 살아?"

"응. 이제 여기가 우리 집이야."

누나가 이렇게 대답하고서 정환을 가만히 내려다보았어요. 그러더니 정환의 머리를 쓰다듬어 주며 다정하게 말했지요.

"정환아, 집안 사정이 많이 안 좋아졌어. 그러니까 이제

어른들한테 이거 해 달라, 저거 해 달라 떼쓰면 안 된다. 집이 좁고 불편하다고 투정 부려도 안 되고. 알았지? 누나랑 약속할 수 있지?"

정환은 "응." 하고 고개를 끄덕였어요. 하지만 이내 약속을 어기게 되었지요.

"밥 싸 줘, 밥! 밥 안 싸 주면 학교에 안 갈 거야!"

이사를 간 뒤로 정환네 집에서는 아침마다 떼쓰는 소리가 터져 나왔어요. 이사를 한 탓에 학교까지가 곱절이나 멀어졌는데, 엄마가 정환의 점심밥을 싸 주지 않았거든요. 밥 먹는 날보다 죽 먹는 날이 많았을 만큼 형편이 기울어, 정환에게 싸 줄 밥이 없었던 거예요.

"얼마나 말을 해야 알아들어? 앞으로 점심은 참고 걸러야 한다고 했잖아. 할머니, 할아버지도 아무 말씀 없으신데 어린 네가 왜 이 야단이야?"

답답한 엄마는 속이 상해 정환에게 매를 댔어요. 그러다가 정환이 엉엉 울며 학교로 쫓겨가면, 돌아서서 매를 든 채로 흐느껴 울었지요. 누나는 부엌에서 설거지를 하다 울고 방 안에서 그 모습을 내다보던 할머니는,

"저 어린것 배를 곯리게 될 줄 누가 알았을꼬?"

하고 눈물을 훔쳤어요.

그러던 어느 날 밤, 정환은 잠결에 부모가 나누는 이야기를 듣고 깜짝 놀랐습니다.

"무슨 말씀이세요? 이제 겨우 열한 살 된 아이를 시집보내다니요?"

"난들 좋아서 그러겠소? 없는 살림에 입이라도 하나 줄여야지, 이대로 어떻게 살 수 있겠소? 아침부터 저녁까지 인쇄소에서 죽도록 일해 봐야 빚을 갚고 나면 남는 것이 없으니……."

빚에 허덕이던 아버지가 궁리 끝에 정환의 누나를 시집보내기로 한 거예요.

정환은 놀라서 가만히 옆에 누운 누나를 살펴보았어요. 누나는 아무 소리도 내지 않았지만, 깨어 있는 것이 분명했어요. 돌아누운 누나의 어깨가 가늘게 떨리고 있었어요.

"그나마 그 집은 끼니를 거를 정도는 아니라니, 시집가는 것이 여기서 사는 것보다 나을 수도 있소. 그러니 당신도 더 이상 이러쿵저러쿵 마시오."

아버지는 이렇게 엄마의 말문을 막고는 문을 열고 밖으로 나가 버렸어요.

정환은 후닥닥 일어나서 엄마한테 물었어요.

"엄마, 정말로 누나 시집가는 거야?"

엄마는 닫힌 방문을 바라보며 흐느끼기만 할 뿐, 아무 대답도 하지 않았어요. 누나도 아무 말이 없었어요. 여전히 돌아누운 채, 베갯잇을 적시며 숨죽여 울 뿐이었지요.

얼마 뒤, 정환의 누나는 가마를 타고 저 멀리 안암골로 시집을 갔어요. 누나가 시집가던 날, 정환은 골목에 숨어 누나를 태운 가마가 사라질 때까지 지켜보았습니다. 그리고 꼭 쥔 주먹으로 눈물을 훔치며 다짐했지요. 나중에 자기가 어른이 되면, 돈 때문에 자식을 시집보내는 일 같은 건 하지 않겠다고요. 그리고 꼭 성공해서 누나를 행복하게 해 주겠다고요.

### 결혼을 일찍하던 시절

요즘 사람들은 대개 스무 살이 넘어서 결혼을 하고 가정을 꾸립니다. 그런데 일제 시대까지만 해도 우리 나라에서는 열다섯 살도 되지 않은 남자와 여자가 결혼을 하는 경우가 많았습니다.

결혼 적령기가 되지 않은 남녀가 결혼을 하는 것을 '조혼'이라고 합니다. 조혼은 대개 결혼하는 당사자보다 부모의 뜻에 따라 이루어졌습니다. 돈 많은 양반 집에서는 나이 든 어른이 죽기 전에 어린 자녀의 혼례를 보여 주려고 결혼을 서두르고, 가난한 백성의 집에서는 먹는 입을 덜기 위해 어린 딸을 일찌감치 시집보냈지요.

부부가 무엇인지, 결혼 생활이 무엇인지 모르고 일찍 결혼한 어린 부부는 대개 가정을 제대로 이끌지 못했습니다. 결혼 후 남편이 다른 여자를 첩으로 들이는 경우가 많아 특히 아내들이 큰 고통을 겪었지요. 가난해서 일찍 시집간 여자는 더욱 고생을 했습니다. 시댁에서 새색시를 며느리로 받아들이지 않고 일꾼이 하나 는 것으로 여기는 경우가 많았기 때문이지요.

# 3
# 빼앗긴 나라

누나가 떠나간 뒤, 정환은 훌쩍 커 버렸어요. 점심밥을 싸 달라고 떼쓰지도 않고, 친척 집에 가서 쌀을 꿔 오는 심부름도 군소리 없이 하게 되었지요. 엄마를 돕는다고 집에서 1킬로미터 가량 떨어진 우물에 가서 물도 척척 길어다 날랐어요.

그러던 1910년 8월 말, 정환이 아침 일찍 물을 길어 오는데, 사람들이 마을 어귀 담벼락 앞에 삼삼오오 모여서 수군거리고 있었어요.

"무슨 일이지?"

정환은 궁금해서 담벼락 앞으로 가 보았어요. 담벼락에

는 방이 하나 붙어 있었는데, 대한제국과 일본이 한 나라가 되었으니 앞으로 조선 백성들은 일본 천황에게 충성을 다해야 한다는 내용이 적혀 있었어요. 우리 군대를 해산하고 우리 정부를 허수아비로 만든 일본이, 기어이 우리의 국권을 빼앗고 우리 나라를 식민지로 삼은 거예요.

그런데 방을 보고도 사람들은 조용했어요. 이따금 우는 사람이 있기는 했지만, 대부분은 삼삼오오 모여 귓속말을 나누다가 한숨을 쉬고는 조용히 흩어졌지요. 일본에 맞서던 사람들이 어떤 꼴을 당했는지 다들 똑똑히 기억하고 있었기 때문이에요. 며칠 전부터 거리를 가득 메우고 있는 헌병과 경찰들의 삼엄한 눈빛과, 말을 타고 골목골목을 누비며 감시하는 일본군 기마대의 말 발굽 소리도 겁이 났고요.

정환도 마치 죄를 지은 사람처럼 가슴이 쿵쾅거리고 겁이 났어요. 그래서 허둥지둥 집으로 돌아와서 엄마한테 물었어요.

"엄마, 우리 나라가 일본에 합쳐졌대. 그럼 이제 우리는 어떻게 되는 거야?"

정환의 말을 듣고 엄마는 깜짝 놀랐어요. 하지만 곧 마음을 가라앉히고 차분하게 말했어요.

"설마 우리 같은 사람들한테 무슨 일이야 생기겠니? 걱정 말고 그냥 지금처럼 지내면 돼."

하지만 정환은 나라가 없다는 것이 얼마나 괴롭고 힘든 일인지 곧 깨닫게 되었습니다. 새로 우리 나라를 다스리게 된 총독부가, 우리 겨레의 마음에서 민족 의식을 지우기 위해 교육 제도를 대대적으로 바꾸었거든요.

이제 학생들은 아침마다 운동장에 줄을 서서 일본 천황이 있는 동쪽을 향해 절을 해야 했어요. 선생들은 학생들에게 복종 의식을 심기 위해 군복을 입고 칼을 차고 수업에 들어왔고요. 합병 이후에는 국어 시간에 일본말을 가르쳤고, 교과서도 모두 일본말로 되어 있었어요. 우리말은 한자와 함께 교양으로 가르칠 뿐이고, 우리 역사와 지리는 아예 가르치지 않았지요.

혹시 규정을 어기고 학생들에게 민족 정신을 일깨우는 선생이 있을까 봐, 총독부는 학교에 헌병을 풀어 수업 내용까지 꼼꼼하게 감시했습니다. 한편, 수신(지금의 도덕) 시간을 늘려 일본이 얼마나 뛰어난 민족인지 강조하며, 조선 사람은 게으르고 지저분하고 무식하기 때문에 일본의 지배를 받는 것이 당연하다고 가르쳤지요.
'아니에요, 우리는 게으르지 않아요!'
'아니에요, 우리는 지저분하지 않아요!'

'아니에요, 우리는 무식하지 않아요!'

일본인 수신 선생이 우리 민족을 욕할 때마다, 정환은 이렇게 외쳤어요. 하지만 그 소리는 가슴 속에서만 왕왕거릴 뿐, 밖으로는 모기 소리만큼도 새어 나오지 않았어요. 선생의 군복에서 반짝이는 금빛 단추와 선생의 허리에 길게 늘어져 있는 칼이 무서워, 정환은 하고 싶은 말을 한 마디도 입 밖에 내지 못했어요.

### 항일 의병을 싹쓸이한 남한 대토벌 작전

나라가 적의 침입을 받았을 때 민간인의 몸으로 일어나 싸운 사람들을 '의병'이라고 합니다. 일본 제국주의의 침략을 받은 조선 시대 말에도, 의병들은 전국에서 일어나 일본군에 맞서 싸웠습니다. 의병 항쟁은 일본 제국주의에 의해 우리 군대가 해산된 1907년에 최고조에 이르렀는데, 전라도를 비롯한 남쪽 지방에서 특히 치열했지요.

일본은 조선을 식민지로 삼아도 의병들을 놓아두고는 쉽게 다스릴 수 없다고 생각했습니다. 그래서 합병 한 해 전인 1909년 9월부터 10월까지 전라도를 중심으로 대대적인 의병 토벌 작전을 펴기 시작했습니다. 이것을 '남한 대토벌 작전'이라고 하는데, 이 작전을 통해 일본은 우리 의병 대장만 103명을 죽였고 의병을 지원한 마을에 불을 지르거나 주민을 학살했습니다.

무기의 열세로 전투에서 밀리던 의병들은, 군사와 식량을 보급해 주던 마을까지 잃게 되자 더 이상 버티지 못했습니다. 결국 대부분의 의병 부대가 해산했고, 남은 의병들은 더욱 깊숙한 산악 지대로 들어가거나 만주 등지로 옮겨 가 일제에 맞서게 되었지요.

# 4
# 무엇을 할 것인가?

정환은 성공해서 망해 버린 집안을 다시 일으키는 것이 꿈이었어요. 그래서 학교 공부를 무척 열심히 했지요. 그런데 나라를 잃은 뒤로 정환은 학교가 무서워졌어요. 공부에도 흥미를 잃어 성적도 조금씩 떨어지기 시작했어요.

그러던 1913년에 정환은 보통 학교를 졸업하고 선린 상업 학교에 들어갔어요.

선린 상업 학교는 그 무렵에 우리 나라에서 가장 유명한 상업 학교였어요. 졸업을 하면 모두가 부러워하는 은행원이 될 수 있었고, 운이 따르면 장사하는 법을 배워 사업을 일으킬 수도 있었지요. 장사를 크게 하다가 크게 망한 아버지는, 은근히 정환이 장사를 익혀 사업가가 되기를 바랐어요. 그래서 없는 살림에 무리를 해서 정환을 선린 상업 학교에 입학시켰지요.

"내 몸이 부서지는 한이 있어도 너 하나는 학교를 졸업시킬 테니, 다른 생각 말고 열심히 공부해야 한다."

정환에게 월사금(달마다 내는 수업료)을 줄 때마다 아버지는 힘주어 말했어요.

하지만 정환은 상업 학교에 들어간 뒤로 공부에 더욱 흥미를 잃고 말았습니다. 장사를 하거나 은행원이 되려면 수판셈과 장부 정리를 잘 해야 하는데, 정환은 주산(수판으로 하는 계산법)과 부기(돈이 들고나는 것을 일정한 방식으로 정리하여 장부에 적는 방법)를 생각만 해도 머리가 지끈거렸어요.

사실, 이 무렵에 정환은 《소년》, 《아이들보이》, 《새별》 같은 문예 잡지를 읽는 일에 빠져 있었어요. 이 잡지들은 모두 최남선이 펴낸 것인데, 청소년들에게 나라 안팎의 여러 가지 소식을 알려 주고 새로운 지식과 문물을 소개해 주었어요. 그러면서 알게 모르게 민족의 앞날을 고민하도록 일깨우고 있었습니다.

문예 잡지를 읽을 때면 정환은 주산이나 부기를 공부할 때와 다르게 가슴이 크고 넓어지는 것 같았어요. 잡지에서 감동적인 시나 소설을 읽으며 자기도 글을 쓰는 작가가 되었으면 좋겠다고 생각하기도 했어요.

하지만 이러한 꿈에 빠져 들기에 정환 앞에 놓인 현실은 너무 어려웠습니다. 평소에도 건강이 좋지 않던 어머니가 몸져눕자, 정환은 한창 작가가 되려는 꿈을 키우던 상업 학교 2학년 때 학교에 자퇴서를 내고 말았지요. 어머니는 가난해서 약도 제대로 쓰지 못하는데, 자기는 마음에도 없는 공부를 하면서 돈을 축내고 있다는 생각이 들었거든요.

정환이 자퇴서를 냈다는 소리를 듣고 아버지는 펄쩍 뛰었어요.

"이제 한 해만 더 다니면 졸업인데 아무려면 내가 남은 학비를 못 대 줄까 봐 그러냐?"

선생님도,

"졸업만 하면 내가 조선은행에 추천장을 써 줄 테니, 한 해만 더 참고 다녀라. 조선은행에 들어가면 고생 끝나는 것 아니냐?"

하며 정환을 말렸지요.

하지만 정환은 고집을 꺾지 않았어요. 앞으로 무엇을 하겠다는 뚜렷한 목표가 있어서 그런 것은 아니었어요. 오히려 앞으로 무엇을 할지, 어떤 일을 해야 보람되고 행복하게 살 수 있을지 찾아보고 싶었기 때문이에요.

### 친일파가 된 지식인 최남선(1890~1957)

똑똑한 사람이 잘못된 생각을 가지면 정말 무섭습니다. 다른 사람의 마음을 흐려 놓고, 옳고 그름을 가리지 못하게 만들기 때문이지요. 최남선도 마찬가지였습니다.

최남선은 일찍이 일본 유학을 다녀와서 《소년》, 《아이들 보이》, 《새별》, 《청춘》 같은 잡지를 펴내 새로운 문물과 사상을 소개했습니다. 3·1 운동 때는 민족 대표의 하나로 〈독립 선언문〉을 작성해, 그 시대 최고의 지성인이자 겨레의 지도자로 존경을 받았지요.

하지만 일본 제국주의의 지배가 길어지자, 최남선은 친일의 길을 걸었습니다. 조선사 편수회에 들어가 일제의 조선사 왜곡을 돕더니, 일본이 태평양 전쟁을 일으키자 우리 유학생들에게 일본군에 자원해 전쟁에 나가 싸우라고 부추겼습니다.

1941년 일본은 동아시아에 있는 유럽의 식민지를 빼앗고 태평양 지역을 지배하기 위해 미국과 연합군을 상대로 싸움을 걸었습니다. 이

것을 '태평양 전쟁'이라고 하는데, 최남선은 이 때 순진한 우리 젊은이들을 일본이 일으킨 전쟁에 총알받이로 내몬 것입니다.

우리 젊은이들이 일본의 총알받이로 희생된 '태평양 전쟁'

# 5
# 천도교당에 드나들다

그 뒤 정환은 이런저런 일로 돈벌이를 하면서 책도 부지런히 찾아 읽었어요. 그리고 열여덟 살 때부터는 천도교 신자였던 아버지를 따라 천도교당에 드나들기 시작했습니다.

천도교는 최제우가 펼친 동학 사상을 바탕으로 1905년에 의암 손병희가 새롭게 일으킨 민족 종교였어요. 그런데 천도교 교리책을 보다가 정환은 깜짝 놀랐습니다.

사람은 곧 하늘이니, 사람 섬기기를 하늘같이 하라…… 나는 비록 부인과 어린아이의 말이라도, 배울 만한 것은 배우고 스승으로 모실 만한 것은 모시노라…… 내 자식과 며느리를 극진히 사랑하며, 하인을 내 자식같이 아껴라. 가축도 아끼고 나무와 새싹을 꺾지 말아라. 부모님의 분부를 거스르지 말고 어린 자식을 때리거나 울리지 마라. 어린아이도 하느님을 모셨으니, 아이를 치는 것은 하느님을 치는 것과 마찬가지라 하느님이 싫어하신다.

"어린아이도 하느님을 모셨으니, 어린아이를 치는 것은 하느님을 치는 것과 마찬가지라……."
정환은 방금 읽은 구절을 조용히 되뇌어 보았어요.
이것은 천도교 2대 교주인 최시형이 남긴 말이었어요. 사람은 하늘이니 계급이나 나이, 성별에 관계없이 모든 사람을 귀하게 여기고 존중하라는 가르침을 담고 있었어요. 그래서 모두가 무시하는 어린아이까지 존중하라고 이야기했지요.
정환은 천도교의 인간 존중 사상과 평등 사상이 너무 좋았어요. 그래서 교리 공부를 열심히 하고 교리를 통해 깨달은 바를 삶에서 실천하려고 노력했지요.
그런데 이런 정환을 눈여겨보는 사람이 있었어요. 정환

의 아버지와 가깝게 지내던 권병덕이었지요. 권병덕은 천도교 교단에서 큰일을 하고 있었는데, 정환의 성실하고 진지한 태도가 마음에 들어 의암 손병희에게 정환을 사윗감으로 추천했습니다.

의암 선생의 사위라니! 권병덕으로부터 이야기를 전해 듣고, 정환은 깜짝 놀랐어요. 의암 손병희는 백만 천도교 신자들을 이끄는 분으로, 신자들로부터 하늘처럼 떠받들어지고 있었어요. 민족 교육 사업과 문화 사업에도 힘을 쏟아 천도교 신자가 아닌 사람들한테도 존경을 받고 있었고요.

얼마 뒤에 생전 처음 보는 사람이 정환을 찾아와서 이것저것 물어 보고 갔어요. 그러더니 곧 의암 선생으로부터 집에 한 번 다녀가라는 연락이 왔습니다.

막상 의암 선생과 마주 앉자, 정환은 스스로가 너무나 작고 초라하게 느껴졌어요. 그래서 고개를 제대로 들지 못하고 눈을 어디에 둬야 할지 몰랐지요.

의암은 그런 정환을 마뜩지 않은 표정으로 바라보았어요.

"바싹 마른 사람이 눈매만 사나운 것이, 영 볼품이 없던

걸요."

 얼마 전에 정환을 선보고 온 친척 아우가 한 말이 떠올랐어요.

 '정말 말라도 너무 말랐군. 이래서야 큰일은커녕 제 몸 하나 제대로 추스를 수 있겠나?'

 의암은 생각했어요. 그리고 여전히 고개를 숙이고 있는 정환에게 답답하다는 듯이 말했습니다.

 "무슨 죄를 지었나? 그렇게 고개를 숙이고 있지 말고 나를 똑바로 쳐다보게."

 그제야 정환은 고개를 들었어요. 그러다가 의암과 눈이 딱 마주쳤지요. 그 순간, 의암의 입꼬리가 보일 듯 말 듯 올라갔습니다.

 "그 친구, 사람 보는 눈을 키우려면 아직 멀었군."

 의암은 혼잣말로 중얼거렸어요. 매섭게 뻗은 정환의 날카로운 눈매와 예민하게 반짝이는 눈을 보고, 정환이 예사롭지 않은 청년임을 알아차린 것입니다.

### 방정환의 장인 의암 손병희(1861~1922)

손병희는 1861년에 충청북도 청원에서 태어나 스물두 살이 되던 1882년에 동학 교도가 되었습니다.

1894년 동학 교도들이 부패한 정부와 우리 나라를 식민지 삼으려고 날뛰는 외국 세력에 맞서 농민 전쟁을 일으켰을 때, 손병희는 농민군을 이끌고 관군과 일본군에 맞서 싸웠습니다. 그러다 이 농민 전쟁이 실패로 끝나자, 이름을 바꾸고 숨어 다니면서 쑥밭이 된 교단을 일으켜 세우고 마침내 동학의 합법화를 이루어냈습니다.

독립 운동가이자 천도교 제3대 교주인 의암 손병희

그 뒤 손병희는 동학의 이름을 천도교로 바꾸고 제3대 교주가 되었습니다. 그리고 민족 교육 및 문화 사업에 힘쓰는 한편, 1919년에는 민족 대표 33인의 대표로서 3·1 운동을 이끌었습니다. 3년형을 선고받고 서대문 형무소에 갇힌 손병희는, 감옥 생활 중에 얻은 병 때문에 1922년 5월 19일 62세의 나이로 생을 마감했습니다.

# 6
# 아, 3·1 운동!

　1917년 봄, 열아홉의 나이에 정환은 손병희의 셋째 딸 손용화와 결혼을 했어요. 그리고 재동에 있는 처가에서 신혼 살림을 시작했어요.
　정환은 결혼한 지 얼마 되지 않아 어머니를 잃고 한동안 슬픔에 잠겨 있었어요. 하지만 깡마른 사위가 보기 안쓰러워 보약을 들고 쫓아다니는 장모 덕분에 몸에 살이 포동포동 오르고 마음에도 조금씩 여유가 생겼지요. 이듬해 8월에 정환은 그만두었던 공부를 다시 시작했어요. 아는 것이 있어야 큰일을 할 수 있다는 장인의 충고를 받아들여, 보성 법률 학교에 들어간 거예요.

그런데 1919년 1월 어느 날 깊은 밤에, 의암이 갑자기 정환을 불렀습니다.

"무슨 일일까?"

사랑채로 가면서 정환은 걱정스러운 표정을 지었어요. 요사이에 집안 분위기가 어쩐지 어수선했거든요. 오세창, 권동진, 최린 같은 교단의 젊은 지도자들이 부쩍 자주 집에 드나들었고, 그 때마다 젊은 신도들이 은밀히 주변에서

망을 보았어요. 교단에서 뭔가 심각한 일이 일어나고 있는 것이 분명했지만, 정환은 아직 그것이 무엇인지 알지 못했어요.

정환이 인사를 하자, 의암이 물었어요.

"그래, 요즘 공부는 열심히 하고 있느냐?"

정환은 잠깐 망설이다 대답했습니다.

"솔직히 말씀드리면, 요즘에는 책이 통 손에 잡히지 않습니다. 나라를 잃은 지 십 년이 다 되어 가는데, 나는 무엇을 하고 있나 생각하면 마음이 무겁습니다."

일본의 식민지가 된 지 이제 9년째. 그 사이에 우리 민족은 말 못 할 고난을 겪었어요. 우는 아이도 울음을 뚝 그치게 한다는 무서운 헌병의 등쌀에, 하고 싶은 말도 제대로 못 하고 숨죽이며 살았지요. 정치 집회를 열거나 정치 모임을 만들 수도 없었고, 신문과 잡지를 펴내 우리의 생각을 뜻대로 펼 수도 없었어요.

총독부는 조선 사람이 사업가로 성장할 기회도 가로막았어요. 또 토지 조사 사업을 실시해 수많은 농민들을 농사 짓던 땅에서 내쫓았어요. 땅을 잃은 농민들은 도시로 흘러들어 도시 노동자가 되었는데, 당시 조선인 노동자들은 온종일 뼈빠지게 일하고 일본인 노동자들의 절반에도 못 미치는 임금을 받았습니다.

사정이 이렇다 보니 우리 동포들 사이에 일본을 몰아내고 독립을 이루자는 목소리가 높아지고 있었어요. 일본에 맞서기 위한 비밀 모임도 늘어나고 있었고요. 정환도 뜻이 맞는 친구들과 '청년 구락부'라는 모임을 만들었습니다. '구락부'는 클럽(club)의 한자음 표기예요. 청년 구락부는 겉보기에는 단순한 친목 모임이었지만, 실제로는 독립 운동을 준비하는 비밀 결사였지요.

이윽고 의암이 말했어요.

"실은 그래서 자네를 불렀네. 일본을 더 이상 그냥 두어서는 안 될 것 같아서 말이야. 다행히 나라 밖 소식을 들으니, 미국의 윌슨 대통령이 민족 자결주의를 선언한 뒤로 국제 정세가 작고 힘없는 식민지 국가의 독립을 지원하는 분위기로 흐르고 있다더군. 잘 하면 이 참에 우리도 독립을 이룰 수 있겠어."

정환은 놀라서 눈이 둥그래졌어요. 정환이 나라의 독립을 위해 나서겠다고 뜻을 비칠 때마다 아직은 때가 아니라며 말리고 나서던 의암이었기에, 더욱 어안이 벙벙했습니다.

의암이 잠시 숨을 돌리고 말을 이었습니다.

"머지않아 이천만 백성이 한 목소리로 독립을 부르짖을 날이 올 걸세. 그러니 자네도 마음을 단단히 먹고 있게. 앞으로 해야 할 일이 아주 많을 거야."

"선생님!"

정환은 이제야 우리 민족이 진짜 힘을 보여 줄 때가 되었다는 생각에 가슴이 벅차 올랐습니다.

며칠 뒤인 1월 21일, 일본에 맞서다가 강제로 황제의 자리에서 쫓겨나 덕수궁에 갇혀 지내던 고종(조선의 26대 왕)이 한 많은 생을 마감했어요. 이 때 백성들 사이에는 일본이 고종을 독살했다는 소문이 파다해지면서 일본에 대한 원성이 하늘을 찔렀습니다.

2월 8일에는, 일본의 심장부인 도쿄에서 조선인 유학생들이 독립 선언식을 여는 사건이 있었어요. 안팎으로 분위기가 무르익자 손병희는 천도교 교단을 중심으로 기독교, 불교 교단과 뜻을 모아 민족 대표 33인을 뽑고, 고종의 장례식을 전후로 독립 선언서를 발표하기로 했어요.

이윽고 1919년 3월 1일, 정오를 넘어서자 서울의 탑골 공원에 학생들과 시민들이 소리 소문 없이 모여들기 시작

했어요. 때맞추어 손병희를 비롯한 민족 대표들은 종로에 있는 태화관에서 독립 선언서를 낭독하고 일본 경찰에 끌려갔어요. 같은 시각에 탑골공원에는 이 소식이 담긴 〈조선 독립 신문〉이 뿌려졌어요. 사람들이 모일 것을 예상하고, 민족 대표들이 동지들에게 부탁해 미리 찍어 둔 신문을 돌린 거예요.

"일본을 몰아내고 억울하게 죽은 고종과 죄 없이 끌려간 민족 대표들의 원수를 갚자!"

〈조선 독립 신문〉을 읽고 사람들은 흥분하기 시작했어요. 그 때 한 청년이 사람들 사이를 헤치고 나가, 우리 나라가 독립된 국가임을 선언하는 〈독립 선언서〉를 힘차게 읽어 내렸어요.

엄숙하게 듣고 있던 사람들은 청년의 낭독이 끝나자,

"대한 독립 만세! 대한 독립 만세! 대한 독립 만세!"

하고 두 팔을 하늘로 뻗쳐 올리며 목이 터져라 만세삼창을 외쳤어요. 그러곤 "와아!" 하고 함성을 지르며 거리로 달려 나갔지요.

만세 소리는 그 날 온 서울 거리를 휩쓸다가 밤 11시가 지나서야 잠잠해졌어요. 하지만 그것이 끝이 아니었어요.

도시에서 도시로, 마을에서 마을로 소식이 퍼져 나가 3월 하순부터는 온 나라가 "대한 독립 만세!" 하는 외침 소리로 들썩거렸지요.

나라 안만이 아니었어요. 중국의 간도, 러시아의 연해주, 미국 등 우리 동포가 사는 곳이면 어디서나 태극기와 대한 독립 만세의 함성이 솟구쳐 올랐어요.

이것이 유명한 3·1 운동으로, 일본의 총칼에 신음하던 우리 민족이 독립에 대한 열망을 온 세상에 드러낸 대사건이었습니다.

### 태화관은 어떤 곳일까?

재미있게도 민족 대표들이 독립 선언식을 거행한 태화관은 중국 음식점이었습니다.

3·1 운동을 이끈 민족 대표 33인은 원래 탑골공원에서 독립 선언식을 거행하기로 했습니다. 그런데 3·1 운동이 일어나기 전날 밤에, 탑골공원 근처에 있는 중국 음식점 태화관으로 약속 장소를 바꾸어 버렸지요. 사람들이 많이 모여 있는 탑골공원에서 독립 선언식을 거행하면 폭력 사태가 일어날 수도 있다는 이유에서였습니다.

사정을 모르는 학생들은 정오부터 탑골공원 근처를 서성이며 민족 대표들을 기다렸습니다. 그러다가 민족 대표들이 태화관에 있다는 소식을 듣고, 그 곳으로 대표를 보내 탑골공원으로 나와 달라고 부탁했지요.

민족 대표들은 학생 대표의 요청을 끝내 뿌리쳤습니다. 그리고 일본 경찰과 헌병 60여 명에게 포위된 가운데 태화관에서 독립 선언식을 치르고는 순순히 경찰서로 끌려갔지요.

시위대가 일제의 총칼에 굴하지 않고 거리에서 만세 운동을 펼칠 때, 민족 대표 33인이 순순히 일본 경찰에 끌려갔다는 사실은, 독립 운동의 역사에서 두고두고 아쉬운 대목으로 남습니다.

독립 선언서를 낭독했던 태화관 자리에 세워진 비

# 7
# 독립 신문을 펴내다

　민족 대표들이 감옥으로 끌려가 고초를 겪고 만백성들이 대한 독립 만세를 부르짖으며 일본에 맞설 때, 정환은 목숨을 걸고 〈독립 선언문〉과 〈조선 독립 신문〉을 돌렸어요.

　〈조선 독립 신문〉은, 민족 대표 33인이 독립 선언식을 거행했다는 소식을 알려 만세 운동에 불을 붙인 신문이었어요. 이 때문에 첫 호가 나간 3월 1일에 대표가 끌려가고 인쇄소가 폐쇄되고 말았지요.

　하지만 〈조선 독립 신문〉은 줄기차게 나왔어요. 한 사람이 잡혀가면 다른 사람이, 그 사람이 잡혀가면 또 다른 사람이, 이어달리기를 하듯이 뒤를 이어 계속 찍어냈기 때문이지요.

정환도 위험을 무릅쓰고 자기 집에서 〈조선 독립 신문〉을 찍어냈어요. 합병 이후 우리 겨레의 뜻을 대변하던 신문들이 모두 폐간되었기 때문에, 〈조선 독립 신문〉마저 나오지 않으면 사람들은 만세 운동이 어떻게 진행되고 있는지 나라의 운명이 앞으로 어떻게 될지 알 수가 없었어요.

이렇게 해서 재동에 있는 정환의 집 뒷방에서는 밤마다 사각사각, 삭삭 소리가 끊임없이 이어졌습니다. 정환과 동지들이 철필로 원지에 글을 쓰고 롤러에 잉크를 묻혀 이튿날 뿌릴 신문을 찍어내는 소리였지요.

그러기를 3주째, 정환이 동지들과 여느 때처럼 신문을 찍고 있는데 원고 심부름을 맡은 동지 하나가 헐레벌떡 달려왔어요.

"종로경찰서 형사들이 낌새를 챘습니다! 70명 정도가 이리로 몰려오고 있어요!"

정환은 심장이 쿵 내려앉는 것 같았어요. 하지만 놀란 가슴을 애써 진정시키고 동지들에게 말했지요.

"여긴 내가 치울 테니 동지들은 어서 비밀 통로로 빠져

나가시오!"

정환은 집안 사람들에게 대문을 꽁꽁 걸어 잠그라고 일렀어요. 그러곤 뒷방으로 들어가서 꼬투리가 될 만한 물건들을 침착하게 챙겨 들고 나왔지요.

"어디가 좋을까?"

마당으로 나온 정환은 두리번두리번 주위를 살펴보았어요.

"빨리 문을 열어라! 안 그러면 부수고 들어갈 테다!"

밖에서는 일본 경찰과 헌병들이 문을 때려부술 듯이 두드리고 있었어요.

하지만 정환은 아랑곳하지 않고 주위를 찬찬히 살폈어요. 그러더니 우물에서 두레박을 건져 올려 뒷방에서 가져온 물건들을 두레박에 집어 넣고는, 우물 속으로 재빨리 내려보냈지요.

'밤이 깊고 날도 흐리니, 경찰들이 우물 속에 들어 있는 등사 기구를 찾아내지는 못할 거야.'

정환은 떨리는 마음을 진정시키며 생각했어요.

그 때 일본 경찰과 헌병들이 정환의 집 대문을 부수고 들어왔습니다.

"찾아라! 개미 새끼 한 마리 빠져 나가지 못하도록 샅샅이 뒤져라!"

우두머리인 듯한 자가 소리치자, 헌병과 경찰들이 정환의 집 안 곳곳으로 흩어졌어요. 하지만 수상쩍은 사람은커녕 증거가 될 만한 물건 하나 찾지 못했지요. 그러자 일본 경찰들은 다짜고짜 정환을 경찰서로 끌고 갔어요.

"그래, 언제부터 신문을 찍었지?"

종로경찰서 형사가 물었어요.

"신문이라니, 무슨 신문 말이오?"

정환이 시치미를 뚝 떼고 되물었어요.

"아, 너희 집에서 신문 찍었잖아. '조선 독립 신문'이라는 불법 신문 말이야!"

형사는 3·1 운동 이후 며칠째 집에 들어가지 못했던 터라 정환에게 있는 대로 짜증을 부렸어요.

정환이 형사의 약을 올렸어요.

"형사 선생, 밤에 가정집에서 잠을 안 자고 쓸데없이 왜 신문을 찍습니까?"

형사는 발끈해서 자리에서 일어났어요. 그러더니 정환을 구석방으로 끌고 가서는, 발로 차고 팔로 치고 갖은 협

박을 하며 으르렁거렸지요. 하지만 정환의 입에서 나오는 대답은 한결같았어요.

"모르오! 나는 처음 듣는 이름이오!"

"모르오! 나는 그 신문에 대해 아는 바가 없소!"

결국 정환은 일주일 뒤에 증거 부족으로 풀려났습니다.

### 침착하게 위기를 넘긴 방정환

〈조선 독립 신문〉에 실을 원고를 심부름하던 이태운이 한 번은 원고를 받아 오다가 정환의 집 근처에서 일본 경찰의 검문에 걸렸습니다. 검문 과정에서 원고가 나오면 〈조선 독립 신문〉을 펴내는 일에 관계된 모든 동지들이 위험에 빠질 수 있었습니다. 그래서 이태운은 경찰의 정강이를 걷어차고 가까운 정환의 집으로 도망쳤습니다.

정환은 금방 사태를 알아차리고 이태운을 재빨리 다락에 숨겼습니다.

"방금 누가 이리 들어오지 않았소?"

일본 경찰의 질문에 정환은 태연하게 대답했습니다.

"누가 들어오기는 했는데, 방금 뒤쪽 담벼락을 타고 넘어갔습니다."

당황하는 기색이 전혀 없는 정환의 태도를 보고, 일본 경찰은 정환의 말을 의심하지 않았습니다. 덕분에 정환은 위기를 넘기고 동지를 구할 수 있었답니다.

# 8
## 물거품이 되고 만 독립의 염원

독립을 부르짖는 함성 소리는 4월 상순이 되자 전국 방방곡곡에서 터져 나왔어요. 시간이 지날수록 시위가 심각해지자 위기감을 느낀 일본은, 헌병대를 앞세워 시위를 무자비하게 진압하기 시작했어요. 무장도 하지 않은 시위대를 향해 총을 쏘고, 시위에 참가한 사람들을 닥치는 대로 끌고 가 고문을 했어요.

이 과정에서 시위에 참가한 사람들이 무수히 죽거나 다쳤어요. 총독부의 발표에 따르면 죽은 사람이 7,509명, 다친 사람이 1만 5,961명이었지만, 실제로 죽거나 다친 사람은 이 수치의 몇 배에 이르렀어요.

그러나 민족자결을 주장하던 강대국들은 우리들의 아우성에 귀를 기울이지 않았어요. 우리는 일제의 총칼에 맞서기에는 너무 힘이 없었어요. 결국 시위는 6월로 접어들며 급속도로 잦아들어, 9월 이후에는 거의 일어나지 않았습니다.

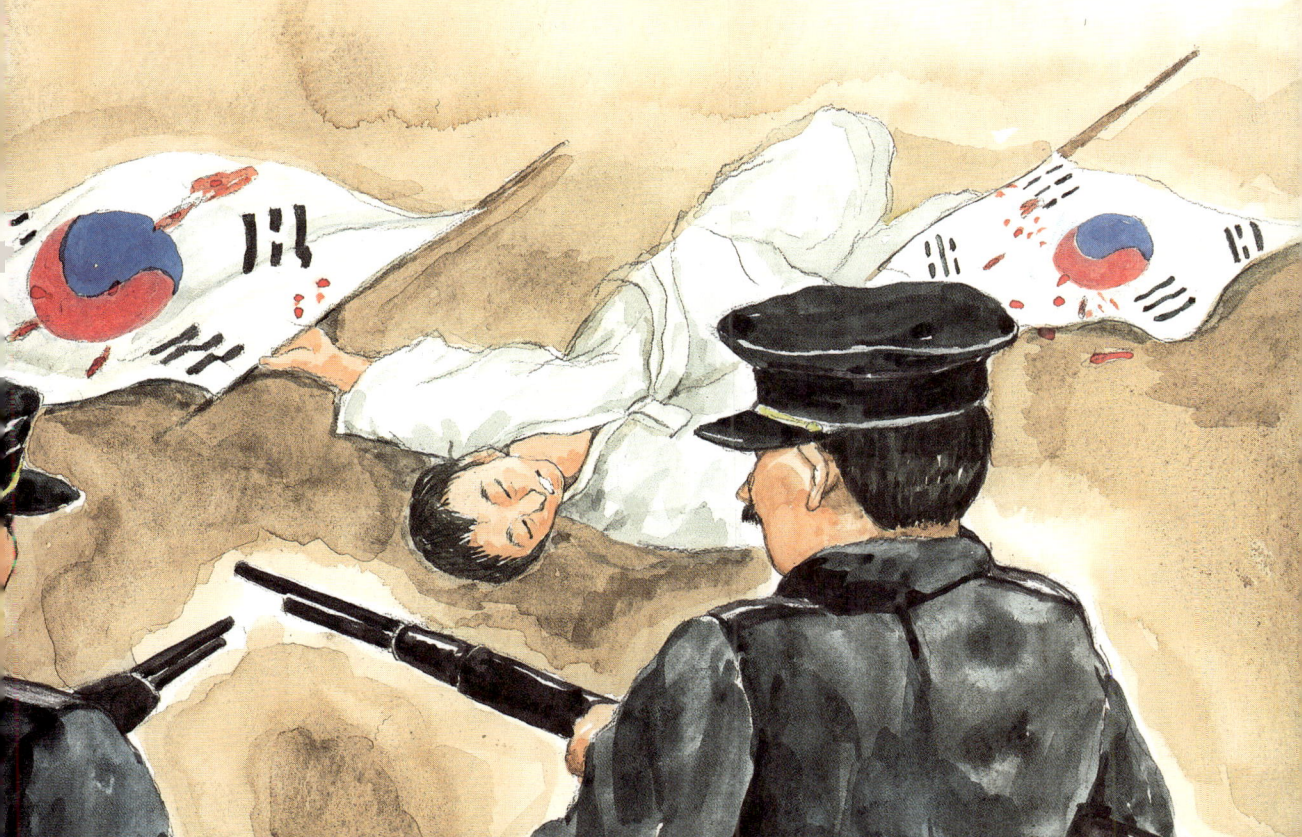

'결국 이렇게 끝나는 것인가? 3·1 운동으로 수많은 사람들이 총에 맞고 고문을 당해 죽었다. 그런데 우리에게 남은 것은 무엇인가?'

얻은 것이 전혀 없는 것은 아니었어요. 3·1 운동의 결과, 뿔뿔이 흩어져 있던 우리 독립 운동가들은 중국 상하이에 모여 '대한 민국 임시 정부'를 세웠어요. 이로써 우리 동포들은, 국제 사회에 우리의 목소리를 대변하고 앞으로 독립 운동을 이끌어 나갈 구심점을 얻게 되었지요.

총칼을 앞세워 우리 겨레를 짓밟던 일제도 무단 통치를 접고 문화 정치를 펴기 시작했어요. 군인인 헌병을 동원하여 조선을 통치하던 헌병 경찰 제도를 폐지하고, 우리 겨레에게 신문과 잡지를 펴내고 집회를 열며 모임을 만들 자유를 어느 정도 보장해 준 거예요.

그러나 정환이 진정으로 원했던 것은, 무단 통치를 없애는 것이 아니었어요. 우리 땅에서 일본을 완전히 몰아내고 이 땅을 온전히 우리 힘으로 다스리는 것이었어요. 하지만 일본은 끄떡하지 않았고, 정환은 기운이 쪽 빠졌어요.

결혼 이후 정환은 학교에 다니랴, 천도교당 일을 보랴,

정신없이 바빴기 때문에 집에 붙어 있는 시간이 많지 않았어요. 그러나 이제 정환은 바깥 출입을 끊고 집에만 틀어박혀 있었습니다. 낙이라고는 그새 훌쩍 커 버린 아들 운용의 재롱을 보는 것뿐이었지요.

정환이 결혼한 이듬해인 1918년에 태어난 운용은 이제 돌을 넘기고 아장아장 걸음마를 하고 있었어요. 정환만 보면 "아빠, 빠, 빠, 빠!" 하고 웃으며 달려와 품에 안겼지요.

"아이구, 우리 운용이! 넘어지지 않고 잘도 걷는구나!"

정환은 운용을 번쩍 들어올려 희고 보드라운 뺨에 자기 뺨을 비볐어요. 운용은 수염이 따갑다고 얼굴을 찡그리다가도 정환이 배를 푸 하고 불면 간지럽다고 까르륵 숨이 넘어가게 웃어댔어요.

'좋으면 웃고 싫으면 찡그리고, 배고프면 먹고 배부르면 자고……. 이렇게 거짓 없이 깨끗한 영혼이 또 있을까?'

티없이 맑게 웃는 아들의 모습을 보자, 정환은 자기 마음도 덩달아 맑아지는 것 같았어요. 그러나 이내 정환의 가슴 속에는 더욱 깊은 슬픔이 밀려들었어요. 가난한 식민

지 조국에서 자라면서, 이렇게 맑은 영혼들이 얼마나 상처를 입을까 생각하니 눈시울이 젖어 들고 목구멍이 뜨거워졌지요.

정환은 이 땅의 아이들이라도 순수함을 잃지 않고 행복하게 자라게 해 주고 싶었어요. 그래서 포기하지 않고 계속 싸워 나가기로 마음먹고 다시 일어났습니다.

### 약소국을 울린 민족 자결주의

1918년 2월, 미국의 윌슨 대통령은 제1차 세계 대전 이후의 세계 질서를 민족 자결주의를 바탕으로 잡아 나가자고 주장했습니다. 민족 자결주의란, 각 민족이 다른 민족의 간섭을 받지 않고 스스로 자신의 운명을 선택할 권리가 있다는 주장을 말합니다.

제1차 세계 대전이 끝난 뒤 연합국은 민족 자결주의에 따라 독일과 오스트리아 등 1차 대전의 패전국이 보유하던 식민지들을 대부분 독립시켰습니다. 이에 강대국의 지배를 받던 전세계의 약소 민족들은, 자기들도 독립할 수 있다는 희망에 부풀어 곳곳에서 독립 운동을 일으켰습니다.

우리 나라의 3·1 운동도 이러한 세계 정세 속에서 일어났습니다. 하지만 민족 자결주의를 부르짖던 강대국들은, 약소국들의 바람을 보란 듯이 저버렸습니다. 1차 대전의 패전국이 보유하던 식민지에 대해서는 민족 자결주의를 적용했지만, 자신들이 보유하던 식민지에 대해서는 민족 자결주의를 적용하지 않은 것입니다.

사실 강대국들은 진정으로 약소국의 해방과 독립을 원해서 민족 자결주의를 주창했던 것이 아닙니다. 패전국인 독일과 오스트리아 제국주의 세력을 약화시켜, 전쟁 후 세계의 주도권을 잡기 위해 민족 자결주의를 내세웠던 것이지요.

# 9
# 길을 찾다

　천도교 교단은 3·1 운동을 이끌었다는 이유로 모진 탄압을 받았어요. 교주인 의암 손병희를 비롯해 지도자 열다섯 명이 감옥에 갇히고, 교단의 재산이 총독부에 모두 몰수당했지요. 총독부의 사주를 받고 천도교 교도들을 분열시키기 위한 사이비 종교 단체들도 생겨나고 있었어요.

　남아 있던 청년 지도자들은 총독부의 탄압에 맞서 교단을 지키기 위해 1919년 9월 천도교 교리 강연부를 세웠어요. 그리고 천도교 교리를 연구하고 선전하는 동시에, 교단이 나아갈 방향을 찾기 시작했지요. 정환도 이 모임에 참여했어요.

"3·1 운동의 결과, 독립을 얻지는 못했지만 신문과 잡지, 책을 펴낼 자유는 커졌습니다. 우리는 이제 이 기회를 이용해야 합니다. 잡지나 책을 펴내 동포들의 생각을 일깨우고 독립의 길을 찾아 나가는 것입니다."

한 청년이 말하자, 다른 청년이 말했어요.

"출판 문화 운동을 통해 동포들의 생각을 일깨우자는 주장에는 저도 찬성합니다. 한데 지금 교단의 형편으로 이천만 동포 전체를 대상으로 일하기는 어렵습니다. 그럴 만한 사람들도 없거니와 자금도 부족합니다. 그러니 누구를 중심에 놓고 일할 것인지 정해야 할 것 같습니다."

"그야 당연히 청년과 농민이지요. 우리 사회를 떠받치고 이끌어 나가는 사람은 청년과 농민 아닙니까?"

또 다른 청년이 답답하다는 듯이 말하자, 많은 청년들이 고개를 끄덕여 찬성의 뜻을 비쳤어요.

그 때 정환이 말했습니다.

"청년 운동과 농민 운동이 필요하다는 점에는 저도 동의합니다. 하지만 그것만으로 우리에게 닥친 문제를 모두 풀 수는 없다고 생각합니다. 일제의 지배가 언제까지 계속될지 알 수 없는 지금, 일제로부터 나라를 되찾으려면 미래를 준비하는 것을 소홀히 해서는 안 됩니다.

그런데 미래의 주인공인 우리 아이들은 어떻게 자라고 있습니까? 조선말 대신 일본말을 배우고, 조선 역사 대신 일본 역사를 배우며, 일본의 백성으로 살아가도록 강요받고 있습니다. 조선인으로 태어난 자랑을 배우지 못하고 부끄러움만 배우며 자랍니다. 이런 아이들이 자라 십 년 뒤에 이 나라를 이끌면 어떻게 되겠습니까?

어린이가 건강하게 자라지 못하면 우리에게는 희망이 없습니다. 그래서 저는 소년 운동도 청년 운동과 농민 운동만큼이나 가치가 있다고 생각합니다."

정환은 진지하게 말을 마쳤어요.

하지만 사람들은 정환의 말을 진지하게 받아들이지 않았습니다.

"그 말에도 일리는 있습니다. 하지만 당장 시급한 일을 놓아두고 십 년 뒤에 일어날 일을 벌써부터 걱정할 필요가 있겠습니까? 아이들 일은 어른들 일이 잘 되면 다 잘 되게 되어 있습니다."

한 청년이 대꾸했어요. 결국 이 날 회의에서 청년들은 천도교 교단의 중심 사업을, 출판 문화 사업을 바탕으로 하는 청년 운동과 농민 운동으로 잡았습니다.

모두가 떠난 회의장에 혼자 남아, 정환은 깊은 한숨을 쉬었어요.

'아이와 어른은 엄연히 다르다. 그러니 서로의 세계를

인정하고 그 세계를 존중해 줘야 한다. 그런데 어른이 잘 되면 아이도 잘 된다니……. 만민 평등을 내세우는 천도교 교도조차 어린이를 어른의 부속품으로 생각한다면 다른 사람들은 어떻게 생각한단 말인가?'

 사실, 정환이 살던 시대에 어린이들은 이중, 삼중의 고통을 겪었어요. 가난한 식민지 조국에서 태어나 가난의 설움과 나라 없는 백성의 설움을 당한 것은 물론이고, 장유유서의 윤리에 찌든 어른들로부터 걸핏하면 무시당하고 구박을 받았지요. 장유유서는 유교에서 중요하게 여기는 다섯 가지 윤리 가운데 하나로, 어른을 공경해야 한다는 가르침을 담고 있었어요. 하지만 많은 어른들이 장유유서를 내세워 어린이를 무시하고 낮추보는 것을 당연하게 여겼지요. 더러는 자녀가 자신의 소유물인 양 자녀의 삶을 자기 멋대로 휘두르는 어른들도 있었어요.

 그 때 정환의 눈앞에는 슬픈 얼굴이 하나 떠올랐어요. 열한 살의 어린 나이에 시집을 가야 했던 누나. 아버지의 명이 무서워 마음놓고 울어 보지도 못하고 집을 떠나야 했던 누나의 얼굴이 이 땅을 살아가는 아이들 얼굴 위로 겹쳐져, 정환은 눈앞이 뿌옇게 흐려졌어요.

정환은 주먹을 굳게 쥐었어요. 그리고 아무도 가지 않는 그 길을 자신이 가겠다고 다짐했어요. 마침내 어린이가 마음껏 노래하고 춤추고 뛰어 놀 수 있는 세상을 만드는 일에 나서기로 마음먹은 거예요.

 어린이 운동에 평생을 바치기로 마음먹은 정환은 1920년 8월, 《개벽》이라는 잡지에 다음과 같은 동시를 번역해 실었습니다.

기나긴 낮 동안에 사무를 보던 사람들이
벤또(일본말로 '양은 도시락'이라는 뜻) 끼고 집에 돌아와
저녁 먹고 대문 닫을 때가 되면
사다리 짊어지고 성냥을 들고
집집의 장명등(처마 끝에 달아 놓은 등)에 불을 켜놓고
달음박질해 가는 사람이 있소.

은행가로 이름난 우리 아버지는
재주껏 마음대로 돈을 모으겠지.
언니는 바라는 대신이 되고

누나는 문학가로 성공하겠지.

아아! 나는 이 담에 크게 자라서
이 몸이 무엇을 해야 좋을지
나 홀로 선택하게 되거든

그렇다 이 몸은 저이와 같이
거리에서 거리로 돌아다니며
집집의 장명등에 불을 켜리라.

그리고 아무리 구차한 집도
밝도록 훤하게 불켜 주리라.
그리하면 거리가 더 밝아져서
모두가 다 같이 행복해지리라.

거리에서 거리로 끝을 이어서
점점 산 속으로 들어가면서
적막한 빈촌도 불켜 주리라.
그리하면 세상이 더욱 밝겠지.

여보시오 재게 가는 불켜는 이여
고달픈 그 길을 외로워 마시오.

외로이 가시는 불켜는 이여
이 몸은 당신의 동무입니다.

이 시의 제목은 〈불켜는 이〉입니다. 모든 사람들의 행복을 위해 보이지 않는 곳에서 불을 밝히는 점등인처럼, 나라의 앞날을 밝히기 위해 어린이 운동을 묵묵히 펼쳐 나가리라는 정환의 다짐이 담긴 글이지요.

### 〈불켜는 이〉와 '어린이'

'어린이'라는 고운 말은 옛날에는 없었습니다. 옛날 사람들은 어린이를 '애놈', '애새끼' 같은 말로 낮추어 불렀지요. 어린이'는 방정환이 있었기에 널리 쓰이게 되었습니다.
어린이라는 말은 1914년 10월에 최남선이 《청춘》이라는 잡지에 〈어린이와 꿈〉이라는 시를 실으며 처음 세상에 나왔습니다.
방정환은 늙은 사람들을 '늙은이'라고 부르듯이, 어린 사람들도 '어린이'라고 존중하여 부르자고 주장했습니다. 그리고 《개벽》의 '어린이 노래'에 번안 동시 〈불켜는 이〉를 실어 '어린이'라는 말을 다시 알리고, 어린 사람들을 위해 《어린이》라는 잡지를 펴냈지요. 덕분에 '어린이'라는 말은 널리 퍼져 나가 지금까지 쓰이게 되었답니다.

## 10
## 식민지 어린이들에게 바친 《사랑의 선물》

    1921년 초, 전차가 지나갈 때마다 벽이 흔들리는 도쿄의 허름한 하숙집에서 정환은 전깃불을 켜 놓고 오스카 와일드가 쓴 〈왕자와 제비〉를 읽고 있었어요. 〈왕자와 제비〉는, 죽은 뒤에 동상으로 세워진 왕자가 세상의 가난하고 불쌍한 사람들을 위해 자기가 가진 것을 모두 나눠 주고 이 땅에서 누리던 삶을 마감한다는 내용을 담고 있었어요. 왕자의 납 심장이 하느님의 구원을 받아 마침내 천국으로 올라가는 마지막 대목을 읽으며 정환은 "휴우!" 하고 깊은 한숨을 내쉬었어요. 창 밖을 보니 어느덧 하얀 눈이 내리고 있었습니다.

"아니, 눈이 오잖아! 안데르센의 성냥팔이 소녀가 떠오르는군. 추위에 누군가 밖에서 떨고 있지는 않을까?"

정환은 자리에서 일어났어요. 그러곤 겉옷을 두툼하게 껴입고 거리로 나섰지요. 정환은 어려서부터 눈을 몹시 좋아했어요. 눈만 오면 강아지처럼 거리를 뛰어다녔지요. 낯설고 물 선 도쿄에서도 눈이 오면 나돌아다니는 정환의 버릇은 바뀌지 않았어요.

3·1 운동 이후 어린이 운동에 뜻을 품은 정환은 지난해 가을 일본으로 유학을 왔어요. 우리보다 문물이 발달한 일본에서는 어린이 운동이 어떻게 펼쳐지는지 살펴보고 싶었거든요.

일본에서 정환이 가장 놀란 것은, 동화책이 많다는 사실이었어요. 도쿄에는 정말 동화책이 많았어요. 일본 사람이 지은 동화책도 많고, 세계 여러 나라의 동화를 풀이해 놓은 동화책도 많았지요. 안데르센 동화, 그림 형제 동화, 이솝 동화 등 우리 나라에서 구경도 못 해 본 재미있는 동화책을 읽으며 정환은 너무나 행복했어요. 기쁜 이야기는 기쁜 이야기대로, 슬픈 이야기는 슬픈 이야기대로 깊은 감동을 주며 정환의 마음을 깨끗하게 씻어 주는 것 같았지요.

'이 좋은 이야기를 우리 아이들에게 들려주면 좋겠다!'

정환은 생각했어요. 그리고 오스카 와일드의 〈왕자와 제비〉를 우리말로 옮겨 그 해 2월 《천도교회 월보》에 소개했지요. 〈왕자와 제비〉는 우리 나라에 처음으로 소개된 동화였어요. 이로써 우리 나라에서도 동화의 역사가 시작되었지요.

　그 뒤 정환은 우리 어린이들에게 들려줄 동화를 고르는 재미에 빠져, 대부분의 시간을 서점과 도서관에 틀어박혀 보냈어요.
　그러던 5월 초, 서울에서 편지가 한 통 왔습니다.
　"아, 기전 형님이 보내셨구나!"
　편지를 보는 정환의 얼굴이 환해졌어요.

3·1 운동 이후 천도교에서는 《개벽》이라는 잡지를 내며 출판 문화 운동을 시작했어요. 김기전은 《개벽》의 주필(맨 윗자리에 있는 기자로 주요한 기사를 담당하는 사람)로 일했는데, 천도교 청년회 안에서 어린이 운동의 중요성을 이해하는 몇 안 되는 사람 가운데 하나였어요. 사실 정환은 김기전이 어린이 운동을 뒷받침해 주겠다고 약속했기에 마음 편히 일본으로 떠나올 수 있었어요.

김기전의 편지에는 반가운 소식이 담겨 있었어요. 5월 1일에 남녀 어린이 서른 명이 모여 '씩씩하고 참된 소년이 됩시다. 그리고 서로 사랑하며 도와 갑시다.'라는 표어를 내걸고 천도교 소년회를 발족했다는 것이었어요.

'어떤 아이들이 회원으로 들어왔을까?'

정환은 소년회 친구들이 몹시 보고 싶었어요. 마음 같아서는 당장 서울로 가서 소년회 친구들을 만나 이야기를 나누고 함께 뛰어 놀고 싶었지요.

하지만 정환은 그럴 수가 없었어요. 학교 공부를 하고 동화책을 읽는 것말고도 정환은 도쿄에서 하는 일이 아주 많았거든요. 천도교 청년회 도쿄 지부 회장으로 조선인 유학생들을 이끌고 있었고, 《개벽》의 통신원으로 도쿄의 소식을 국내에 알리고 있었지요.

정환은 방학이 되어서야 서울로 건너가 소년회 친구들을 만날 수 있었어요. 그러곤 아쉬운 작별 인사를 나누고 또다시 일본으로 돌아왔지요.

그 뒤 정환은 공부하랴,《개벽》에 실을 원고 쓰랴, 청년회 일 보랴 바쁜 나날들을 시작했어요. 하지만 바쁜 시간을 쪼개서 우리 어린이들을 위해 선물 한 가지를 준비했답니다. 아미치스의〈난파선〉, 페로의〈신데렐라의 작은 유리구두〉, 오스카 와일드의〈왕자와 제비〉,《아라비안 나이트》에서 뽑은〈요술왕 아아〉, 그림 형제의〈찔레꽃 공주〉, 안데르센의〈장미 요정〉등 그 동안 일본에서 고이 모아 온 동화 가운데 가장 재미있는 이야기를 우리말로 옮기기 시작한 거예요.

이렇게 해서 세상에 나온 것이 우리 나라 최초의 동화집인《사랑의 선물》입니다.

《사랑의 선물》첫머리에 정환은 이렇게 적었어요.

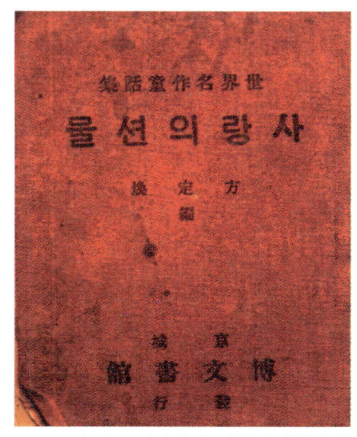
1928년 박문서관에서 발행한《사랑의 선물》겉표지

"학대받고, 짓밟히고, 차고, 어두운 속에서 우리처럼 또 자라는 불쌍한 어린 영혼들을 위하여 그윽히 동정하고 아끼는 사랑의 첫 선물로 나는 이 책을 짰습니다."

정환의 말처럼 힘겨운 나날을 이기면 좋은 날을 맞게 된다는 주제를 담은 이 이야기들은 슬픔 많은 우리 어린이들에게 시련을 이겨낼 용기와 희망을 주었어요.

그리고 발간된 지 열흘 만에 초판이 다 팔리고, 일제 강점기에 열 차례나 재판을 찍는 대기록을 세웠답니다.

### 민족의 정기를 일깨운 잡지 《개벽》

《개벽》은 1920년 6월 25일 천도교에서 창간한 잡지였습니다. 분량이 160쪽 안팎으로 당시로서는 상당히 두꺼운 편이었는데, 시대를 앞서가는 평론과 시, 소설, 그림 등을 실어 일제 시대에 민족 문화의 발전에 크게 기여했습니다.

특히 현진건, 김동인, 이상화, 염상섭 등 한국 문학사에서 뚜렷한 자취를 남긴 작가들이 《개벽》을 통해 작품을 발표했지요.

《개벽》은 민족의 정기를 일깨우기 위해 노력하며 일제를 향해 쓴소리를 서슴지 않았기 때문에, 총독부로부터 모진 탄압을 받기도 했습니다. 창간호가 배포 금지된 이래 압수 처분 34회, 정간 1회, 벌금형 1회를 받는 등 총독부에 끊임없이 시달리다가 1926년 8월에 통권 72

호를 끝으로 결국 강제 폐간되고 말았지요. 그래서 '《개벽》의 수난사는 곧 민족의 수난사요, 우리 언론의 항일 투쟁사다.'라는 평가까지 나왔답니다.

일제에 저항한 잡지 《개벽》을 만들던 '개벽사' 전경

## 11
## 어린이를 위한 잡지 《어린이》

《사랑의 선물》이 나온 1922년 말, 정환은 천도교당을 드나드는 사람들에게 묻고 다녔어요.

"아이들을 위한 잡지를 한 번 내 보면 어떨까요? 마땅한 읽을 거리가 없는 우리 아이들에게 좋은 선물이 되지 않을까요?"

"좋은 생각입니다. 한 번 해 봅시다."

김기전을 비롯한 소년 운동가들은 정환을 북돋워 주었어요. 하지만 소년회 바깥에서는 걱정하는 사람이 많았습니다.

"아서게. 어른 잡지도 망해 가는 판에 아이들 잡지를 누가 거들떠보겠나? 뜻은 좋지만 애써도 안 될 일이니 아예 시작을 말게."

무시하는 말 같으면 같이 무시해 버리면 그만이겠지만, 다들 어찌나 걱정을 하며 말리던지 정환은 못 들은 척하기가 어려웠어요. 하지만 정환의 고집도 예사 고집은 아니었어요.

"그러니 우리라도 해야 하지 않겠습니까? 안 되어 망하더라도 길이라도 터 놓으면 뒷날 소년 잡지가 자리잡는 데 도움이 될 것입니다."

정환은 말리는 사람들을 도리어 설득하며 어린이 잡지의 창간 준비를 서둘렀지요.

정환은 《신청년》이라는 문예지를 내고, 《녹성》이라는 영화 잡지를 만들었으며, 《신여성》이라는 여성 잡지를 만든 경험이 있었어요. 그 무렵에 가장 인기를 끌던 《개벽》의 편집에도 몸담고 있었으니, 잡지를 만드는 일에는 아주 이골이 나 있었지요.

하지만 경험이 많은 정환에게도 어린이 잡지를 만드는 일이 쉽지만은 않았어요. 가장 고민스러웠던 것은 잡지의 방향을 정하는 일이었어요.

"어떤 내용을 담아야 할까?"

정환은 고민에 빠졌어요.

어린이 잡지인 만큼 어린이들에게 가르침이 될 만한 교훈적인 내용을 담아야 한다고 주장하는 사람들도 많았어요. 하지만 정환은 가르치려 드는 잡지는 만들고 싶지 않았어요. 어린이에게는 나름대로 세상을 받아들이는 방식이 있는데, 무조건 지식을 집어 넣으려고 하면 어린이들이 그나마 품고 있던 호기심까지 잃고 만다고 생각했기 때문이지요.

정환은 어린이 잡지를 아주 재미있게 만들기로 했어요. 이것이 옳으니까 이대로 외라고 강제로 가르치는 잡지가 아니라, 어린이가 듣고 싶어하는 이야기를 들려주고 어린이가 알고 싶어하는 지식을 알려 주어 어린이의 마음 속에서 지혜와 지식이 저절로 싹트게 해 주고 싶었던 거예요.

그런 뜻에서 정환은 잡지의 이름을 어린 사람을 존중하는 말인 '어린이'로 정했어요. 그리고 《어린이》에 케케묵은 교훈담이나 가르침을 넣지 않기로 했지요. 대신에 우리나라와 세계 여러 나라의 어린이들이 어떻게 지내는지 알려 주고 어린이가 직접 지은 글, 어린이들끼리 나눈 토론 내용도 넣기로 했어요. 어린이가 좋아하는 동화와 동요, 어린이가 재미있어 할 과학, 역사, 사회 상식도 싣고, 학교에서는 가르치지 않는 우리 역사와 지리, 우리 겨레가 낳은 위대한 문화 유산과 인물 이야기도 넣기로 했어요.

이렇게 잡지의 방향이 정해지자, 정환은 글 잘 쓴다고 소문난 사람들을 찾아 다니며 원고를 써 달라고 부탁했어요. 하지만 원고 청탁이 쉽지 않았습니다.

"어린것들이 잡지는 무슨!"

하고 대놓고 뭐라고 하는 사람도 많았고,

"나는 애들을 잘 몰라서……."

하고 점잖게 발을 빼는 사람도 많았지요.

결국 정환은 창간호를 함께 일하던 소년 운동가들의 원고로 채우고, 그러고도 모자라 남는 면을 혼자서 다 채워야 했어요. 소파, 잔물, ㅅㅎ생, 몽중인, 북극성 같은 정환의 필명들은 이런 까닭에서 생겨났지요. 한 사람이 모든 기사를 다 쓴 것처럼 보이지 않게 하려고 수많은 필명을 만든 거예요.

넘어야 할 산은 그 뒤에도 남아 있었어요. 바로 총독부의 검열이었지요. 그 무렵에 총독부는 우리 겨레의 마음에

서 민족 의식을 지우기 위해, 출판물을 모두 사전에 검사하고 마음에 들지 않는 내용이 있으면 삭제하거나 출판물을 아예 거두어 가 버렸어요.

《어린이》의 창간호도 총독부의 검열에 걸려 지면이 너덜너덜해지도록 삭제를 당했어요. 그 탓에 내용을 이해할 수 없는 글이 많아져서, 창간호를 계획보다 스무 날이나 늦게 발행해야 했답니다.

더욱 큰 낭패는 그 뒤에 일어났어요. 정작 《어린이》를 내고 보니, 사려고 하는 사람이 없었던 거예요. 생각다 못한 정환은 신문에 대대적으로 광고를 실었어요. 사는 동네와 이름 석 자만 적어 개벽사로 보내면 《어린이》를 공짜로 보내 주겠다고 말이지요.

하지만 이 광고를 보고도 잡지를 보내 달라고 연락해 온 사람은, 온 나라에 겨우 열여덟 명뿐이었습니다.

'어쩌면 어린아이들의 일을 모두 이렇게 모른 척할까?'

정환은 답답해서 울고만 싶었어요. 하지만 겨우 첫 호를 내고 이대로 주저앉을 수는 없었지요. 정환은 처음 마음먹은 대로 할 수 있는 데까지 해 보기로 했어요. 그리고 아는 사람은 말리고 모르는 사람은 거들떠보지도 않는 잡지를,

다음달에도 그 다음달에도 온 정성을 다해 만들었지요.

　반응은 어린이들한테서 먼저 나타났어요.

　"얘, 이 책 좀 봐. 너무 재미있어."

《어린이》에 실린 재미난 기사와 동화, 흥미로운 토론 거리와 지식 정보를 보고 처음 《어린이》를 받아 본 아이들이 친구에게 권하고, 그 친구가 또 다른 친구에게 권하기 시작한 거예요. 《어린이》의 독자는 이렇게 계속 늘어나, 창간한 지 7년 만에 무려 3만 명에 이르게 되었어요. 이것은 당시 〈동아일보〉나 〈조선일보〉같이 인기 있는 신문의 독자 수와 같은 수준이었고, 어른 잡지의 독자 수를 훨씬 넘는 기적 같은 수치였답니다.

### 아동 문학의 발전을 이끈 잡지 《어린이》

《어린이》는 어린이들이 좋아하는 아기자기한 기사와 재미있는 이야기를 많이 실어 어린이들로부터 큰 사랑을 받았을 뿐만 아니라, 아동 문학의 발전에도 큰 기여를 했습니다. 수많은 작가들이 《어린이》에 작품을 발표하면서 동화나 동요를 짓기 시작한 것입니다. 《어린이》가 배출한 아동 문학 작가로는 먼저 〈만년샤쓰〉, 〈칠칠단의 비밀〉 등을 쓴 방정환을 들 수 있습니다.

일제 시대에 활동한 대표적인 아동 문학 작가 마해송도 〈바위나리와 아기별〉, 〈토끼와 원숭이〉, 〈호랑이와 곶감〉 등을 《어린이》에 실었지요.

동요 작가이자 동화 작가이며, 우리 아동 문학사의 큰 기둥인 이원수는 《어린이》의 독자 투고란에 동요 〈고향의 봄〉을 실으며 작가 생활을 시작했습니다. 특히 이원수는 《어린이》에 〈오빠 생각〉을 실은 최순애와 동요에 대한 의견을 주고받다가 사랑에 빠져, 뒷날 결혼까지 하게 되었답니다.

아동 문학 발전의 밑거름이 된 잡지 《어린이》

# 12
# 어린이에게 우리 노래를 지어 주시오

《어린이》 창간호가 나오던 1923년 3월 말, 정환은 일본 도쿄 변두리의 언덕빼기를 올라가고 있었어요. 봄이라고는 해도 아직 쌀쌀한 날씨였는데, 정환은 살이 많이 쪄서 땀을 비오듯 흘리고 있었지요.

"생각보다 꽤 가파르구나. 휴우, 얼마나 더 올라가야 할까?"

정환은 잠시 멈춰 서서 언덕 위를 살펴보았어요. 그러다 언덕 꼭대기에 있는 어느 집 마당에서 자기 쪽을 내려다보는 청년을 보게 되었지요.

"저 청년이 그 청년인가?"

정환은 중얼거렸어요.

《어린이》 창간을 준비하던 정환은 답답했던 점이 두 가지 있었어요. 첫째는 천도교 소년회를 벗어나면 어린이 운동의 중요성을 이해하는 사람이 많지 않다는 것이었어요. 다음은 소년회 사람들말고는 《어린이》에 기사를 써 줄 사람이 많지 않다는 점이었고요.

정환은 온 사회가 어린이를 아끼고 존중하게 하려면, 소년회 밖에도 어린이 운동과 어린이 문화 운동을 고민할 사람이 있어야 한다고 생각했어요. 그래서 《어린이》 창간호를 준비하며 틈틈이 도쿄 유학생들 가운데 어린이 운동에 관심이 있는 사람을 찾아 다녔지요.

지금 찾아가는 윤극영도 그런 사람 가운데 하나였어요. 윤극영은 도쿄 대학에서 음악을 전공하고 있었는데, 정환은 우리 어린이들을 위해 노래를 만들어 달라고 부탁하러 가는 중이었지요.

청년이 서 있던 집은 정환이 찾던 바로 그 집이었어요. 청년은 정환이 대문 안으로 들어섰을 때도 마당에서 언덕 밑을 바라보며 바람을 쐬고 있었지요. 갸름하게 잘 생긴 얼굴, 호리호리한 체격, 소개해 준 사람이 알려 준 인상

그대로였어요.

"혹시 윤극영 군 아닙니까?"

소파가 중절모를 벗고 물었어요.

"그렇습니다만 누구신지요?"

청년이 말했어요.

"나는 방정환이라고 합니다."

"아아, 예."

청년이 웃으며 고개를 끄덕였어요. 도쿄 유학생들 사이에 정환이 꽤 알려져 있던 터라, 극영도 이름은 몇 차례 들은 적이 있었거든요.

'살은 좀 쪘지만 눈매가 무척 날카롭네. 아무튼 말로만 듣던 사람을 직접 만나니 기분 참 묘하군. 한데 왜 나를 찾아왔을까?'

극영은 이렇게 생각하며 정환을 집 안으로 들여야 하나 어쩌나 고민했어요.

그 때 정환이 대뜸 물었어요.

"이 집에 피아노가 어디 있습니까?"

당황한 극영은 엉겁결에,

"예, 이쪽에 있습니다."

하고 대답했어요.

　그러곤 정환을 피아노가 있는 방으로 데리고 갔지요.

　정환은 "나는 이 노래를 좋아한다오." 라고 하고는, 피아노 앞에 앉아 시키지도 않은 노래를 불렀습니다.

날 저무는 하늘에 별이 삼형제
　　반짝반짝 정답게 지내더니
　　웬일인지 별 하나 보이지 않고
　　남은 별만 둘이서 눈물 흘린다.

　귀에 익은 가락이라 극영은 어느덧 정환 옆에 앉아 정환의 노래에 맞추어 반주를 넣었어요.
　극영은 노래가 끝난 뒤에 정환에게 물었어요.
　"가락은 많이 들어 봤는데, 가사는 처음 듣습니다. 누가 지은 것입니까?"
　"나가가와(申川)라는 일본 사람이 만든 노래입니다. 하지만 가사는 내 마음대로 지어 붙였으니, 내 노래라고 해도 되려나?"
　정환은 이렇게 말하고 멋쩍은 듯 하하하 웃음을 터뜨렸어요. 극영도 따라서 활짝 웃었어요.
　그러고 나서 둘은 주거니 받거니 동요를 부르기 시작해 밤이 깊은 줄도 모르고 노래를 계속 불렀어요. 그런데 갑자기 정환이 노래를 멈추고 혼잣말을 하듯 말했어요.

"한데 우리가 왜 일본 노래를 부르지? 나라를 빼앗기고 말도 빼앗겼는데, 노래까지 왜 일본 것을 부르지?"

"그야 우리 동요가 없기 때문이지요."

극영이 대꾸하자 정환이 다시 혼잣말을 했어요.

"그래, 우리 노래가 없다. 그게 문제야. 우리는 3·1 운동으로 독립이 되는 줄 알았어. 그러나 뼈아픈 실패만 경험했을 뿐이지. 그래도 우리 어른들은 괜찮아. 우리는 어떻게든 살 수 있어. 하지만 우리 아이들은 어떻게 하지? 나라를 잃고 천덕꾸러기가 되어 자라는 아이들. 그 아이들 마음을 달래 줄 우리 노래가 없으니……."

그러더니 정환은 극영의 손을 덥석 잡았어요.

"극영 군, 우리 어린이들을 위해 노래를 지어 주시오. 어린이가 없으면, 우리의 미래도 없고 희망도 없소."

정환의 갑작스러운 부탁에 극영은 당황하여 아무 말도 못했어요. 그러자 정환은 천장을 힐끗 쳐다보며 중얼거렸어요.

"혼자 음악 공부 열심히 해서 출세하면 무엇 하나. 가엾은 어린 영혼들을 달래 줄 노래 하나 지어 주지 못한다면……."

윤극영은 더 이상 잠자코 있을 수 없었어요.

"알겠습니다. 한 번 노력해 보지요. 지금 공부하는 것을 바탕으로 앞으로는 어린이 노래를 짓겠습니다."

이렇게 해서 윤극영은 정환이 이끄는 어린이 문화 운동 단체의 회원이 되고, 본격적으로 동요 운동을 고민하기 시작했어요.

정환은 동요 운동에 힘을 보태려고 《어린이》의 독자들을 대상으로 달마다 노래 가사를 공모하기 시작했어요. 좋아하는 잡지에 자신의 글을 싣고 싶어서, 많은 어린이와 청소년들이 노래 가사를 보내 왔어요. 정환은 그 가운데 훌륭한 작품을 골라 《어린이》에 싣고, 당선된 사람에게 메달을 보내 주었어요. 윤극영을 비롯한 많은 작곡가들은 그중 마음에 드는 가사를 골라 곡을 붙였고요. 그러면 정환은 이 노래들을 다시 《어린이》에 실어, 어린이들에게 소개해 주었답니다.

〈오빠 생각〉, 〈고향의 봄〉, 〈오뚜기〉 같은 명곡은 모두 이러한 과정에서 나온 노래로, 일제 시대를 넘어 지금까지 어린이들로부터 큰 사랑을 받고 있습니다.

## 나라 잃은 백성의 슬픔을 달래 준 윤극영의 〈반달〉

1. 푸른 하늘 은하수 하얀 쪽배엔
   계수나무 한 나무 토끼 한 마리
   돛대도 아니 달고 삿대도 없이
   가기도 잘도 간다 서쪽 나라로
2. 은하수를 건너서 구름나라로
   구름나라 지나선 어데로 가나
   멀리서 반짝반짝 비추이는 것
   샛별이 등대란다 길을 찾아라.

동요 창작과 동요 보급 운동에 힘쓴 윤극영

윤극영이 가사를 쓰고 곡을 붙인 노래 〈반달〉입니다. 《어린이》 제2권 11호에 실린 이 노래는, 일제 시대에 나라 잃은 민족의 설움을 그려 남녀노소 누구나 즐겨 부르는 노래가 되었지요.

이 노래에는 실제로 가슴 아픈 사연이 담겨 있습니다. 윤극영에게는 어렸을 때 시집간 누나가 하나 있었습니다. 극영의 누나는 한일 합병 이후에 시댁이 망해 갖은 고생을 하다가 일찍 세상을 떠났습니다.

이 소식을 들은 윤극영은 북받치는 슬픔을 달래려고 하늘을 바라보았습니다. 그 때 하늘에는 반달이 떠 있었습니다. 넓은 하늘에 쪽배처럼 떠 있는 하얀 반달이, 윤극영에게는 마치 누나를 잃은 자신의 처지이자 나라 잃은 동포의 운명처럼 느껴졌습니다.

〈반달〉은 이처럼 슬픈 사연을 안고 태어났지만 마냥 슬프기만 한 노래는 아닙니다. '샛별이 등대란다, 길을 찾아라.' 라는 2절의 마지막 가사에서 알 수 있듯이, 슬픔 속에서도 희망을 찾아가는 마음을 담고 있답니다.

# 13
# 희망의 새 명절, 어린이날

1923년 5월 1일, 정환은 일본 도쿄에서 색동회 창립식을 열면서 한 번씩 시계를 들여다보았어요.

"어린이들이 얼마나 모였을까? 행사는 잘 진행되고 있을까?"

천도교 소년회를 세운 이후에 정환과 김기전은 전국을 돌며 소년 문제에 대해 강연회를 열었어요. 그러면서 어린이들에게는 꿈과 용기를 북돋워 주고, 어른들에게는 왜 어린이를 존중해야 하는지 일깨워 주었지요.

두 사람의 활동에 힘입어 천도교 소년회는 생겨난 지 한 해도 안 되어 회원이 열 배 이상 늘고 전국에 지회도

두게 되었어요. 그러자 정환과 김기전은 소년회 창립 일주년을 기념하여 독자적으로 '어린이날'을 선포하고, 거리를 돌며 '10년 후의 조선을 준비하라'는 제목의 전단지를 뿌렸어요.

이 행사를 마치고 정환과 김기전은 한 가지 약속을 했어요. 이천만 동포 모두가 어린이 운동의 중요성을 깨달을 때까지 각자 자기 자리에서 최선을 다하자고 말이에요.

이렇게 해서 그 날 정환은 도쿄에서 유학생들을 중심으로 색동회라는 어린이 문화 운동 단체를 세우게 되었고, 김기전은 서울에서 전국의 소년 단체와 힘을 합쳐 어린이날 기념 행사를 열게 된 거예요.

정환이 시계를 들여다보던 그 시각에, 서울의 천도교당 앞마당에는 일천 여명의 어린이와 소년 운동가들이 모여 제1회 어린이날 기념식을 열고 있었어요. 식이 끝나자 어린이들과 소년 운동가들은 거리로 나가, 지나다니는 사람들에게 선전지를 나눠 주었어요.

'어린이를 내려다보지 말고 쳐다보아 주십시오.'

'어린이를 나무랄 때는 성만 내지 말고 차분히 타일러 주십시오.'

선전지에는 이처럼 어린이를 위해 어른들에게 당부하는 말이 담겨 있었어요.

'돋는 해와 지는 해는 반드시 보기로 합시다.'

'뒷간이나 담벽에 글씨를 쓰거나 그림 같은 것을 그리지 말기로 합시다.'

하고 어린이들에게 당부하는 말도 담겨 있었어요.

그리고 희망의 새 시대를 이끌어 갈 어린이를 잘 키우기 위해 모두에게 당부하는 말이 다음과 같이 실려 있었답니다.

**어린이를 어른보다 더 높게 대접하십시오.** 어른이 뿌리라면 어린이는 싹입니다. 뿌리가 근본이라고 위에 올라앉아서 싹을 짓누르면, 그 나무는 죽어 버립니다. 뿌리가 싹을 위해야 그 나무는 뻗어 나갈 것입니다.

**어린이를 결코 윽박지르지 마십시오.** 조선의 부모는 대개가 가정 교육은 엄해야 한다는 잘못된 생각으로, 자녀의 인생을 망쳐 놓습니다. 윽박지를 때마다 뻗어 나가던 어린이의 기운은 바짝바짝 줄어듭니다. 그렇게 기른 사람은 공부를 아무리 많이 해도, 자라서 뛰어난 인물이 되지 못하고 남에게 꿀리고 뒤지는 샌님이 되고 맙니다.

**어린이의 생활을 항상 즐겁게 해 주십시오.** 심심하게 기쁨 없이 자라는 것처럼 어린 사람에게 해로운 일이 또 없습니다. 항상 즐겁고 기쁘게 해 주어야 그 마음과 몸이 활짝 커 가는 것입니다.

**어린이는 항상 칭찬해 가며 기르십시오.** 칭찬을 하면 주제 넘어진다고 생각하는 것은 큰 잘못입니다. 잘한 일에는 반드시 칭찬과 독려를 해 주어야, 그 어린이의 용기와 자신하는 힘이 늘어 갈 것입니다.

**어린이의 몸을 자주 주의해 보십시오.** 집안의 어린이가 무엇을 즐기나, 몸과 마음이 어떻게 변해 가나, 이런 것을 항상 주의하여 보아 주십시오. 평상시에 그냥 내버려두었다가 잘못된 뒤에 야단을 하거나 후회하는 것은 부모들의 큰 잘못입니다.

**어린이에게 잡지를 자주 읽히십시오.** 어린이에게는 되도록 다달이 나오는 소년 잡지를 읽히십시오. 그러면 생각이 넓고 커짐은 물론이요, 부드럽고 고상한 인격을 가지게 됩니다. 돈이나 과자를 사 주지 말고 반드시 잡지를 사 주도록 하십시오.

전단지를 받아 본 어른들 중에는,
"어른도 사람 대접 받지 못하는데 애놈들에게 무슨 대접이람?"
하고 빈정거리는 사람도 있었어요.

하지만 대부분의 어른들에게 이 선전지는, 어린이가 어떤 존재인지 다시 한 번 생각하게 하는 계기가 되었지요.

덕분에 이듬해에 열린 두 번째 어린이날 행사는, 더욱 성대하게 펼쳐졌어요. 어린이들이 스스로 준비한 노래 공연과 춤 공연을 선보이고, 고무 풍선에 이름과 주소를 적어 날려 보내는 행사도 있었어요. 자녀를 어떻게 길러야 할지 고민하는 부모를 위해 어머니 대회와 아버지 대회도 열렸고요. 또 어린 나이에 돈벌이에 나선 어린이들이 한자리에 모여 씨름을 하며 신나게 노는 행사도 마련되었답니다.

행사를 마치고 돌아가는 사람들의 얼굴에는 모두 웃음

꽃이 피어났어요.

어린이들은

"아, 날마다 '어린이날'이었으면 좋겠다!"

하고 꿈을 꾸듯 소리쳤고, 어른들은

"방 선생님 말씀대로 어린이를 존중하고 잘 길러 봅시다. 그것이 우리가 이 나라를 위해 할 수 있는 가장 쉽고도 중요한 일일 거예요."

하고 두런두런 못다 한 이야기를 나누었지요.

잔물결이 밀리고 밀려 커다란 파도가 되듯이, 어린이를 아끼고 존중하자는 정환과 소년 운동가들의 주장은 이렇게 이천만 동포의 가슴에 파도가 되어 밀려가고 있었습니다.

### 어린이에게 존댓말을 쓰자고 주장한 김기전

방정환과 함께 어린이 운동을 펼친 김기전은, 수많은 천도교 지도자들이 변절의 길을 걸은 일제 말기까지 뜻을 굽히지 않고 독립 운동을 펼친 애국자입니다. 그러면서도 어리다고 구박받고 설움당하던 어린이에 대해 한없는 사랑과 관심을 베풀었지요.

김기전은 모두에게 무시당하던 어린이의 인권을 지켜 주기 위해 묵묵히 힘써 왔습니다. 어린이 안에 하느님이 있다는 믿음 아래 어린

어린이를 존중하자는 내용을 담은, 1933년 어린이날 표어

이에게 존댓말을 쓰자는 운동을 펼치고, 자신의 어린 자식을 비롯한 모든 어린이들에게 존댓말을 쓰는 일을 스스로 실천했습니다. 가방을 메고 학교에 가는 어린 자식들에게 날마다 '안녕히 다녀오십시오.'라고 깍듯이 절을 했을 정도였지요.

어색하다고 웃음짓는 친구가 있을지 모르겠지만 모두가 하찮게 여기던 '어린이'라는 존재를, 인격을 갖춘 소중한 존재로 우뚝 세우기 위해서는 이처럼 작지만 값진 실천이 필요했답니다.

# 14
# 빛과 그림자

　서울과 도쿄를 오가며 분주하게 어린이 운동을 펼치던 정환은, 스물여섯 살이 되던 1924년에 유학 생활을 완전히 정리하고 우리 나라로 돌아왔어요. 그러고는 다달이 《어린이》를 내고, 지방을 돌며 강연회를 열고 어린이들에게 동화와 동요를 들려주느라 더욱 바쁜 나날을 보냈지요.
　정환의 이러한 노력에 힘입어 우리 나라에서는 많은 변화가 일어났어요. 어린이 운동의 중요성을 새삼스럽게 깨달은 단체들이 이곳저곳에서 소년회를 만들고 있었고, 《신소년》, 《새벗》, 《햇발》 등 어린이를 대상으로 하는 잡지도 꼬리를 물고 생겨났어요. 어린이를 위한 책도 발간되기 시작하고, 신문에 어린이를 위한 지면이 따로 꾸며지기도 했어요.

그러나 빛이 밝으면 어둠도 깊듯이, 어린이 운동이 발전하자 앞으로 나아갈 방향을 둘러싸고 어린이 운동 단체들 사이에서 다툼이 일어났어요. 그런 마당에 어린이 운동에 대한 총독부의 감시가 심해져서 정환 뒤에는 늘 형사가 따라붙었어요.

1926년 6월 10일 조선의 마지막 왕인 순종의 장례식을 맞아 학생들이 다시 만세 운동을 일으켰어요. 긴장한 총독부는 3·1 운동 이후 잠시 풀어 주었던 탄압의 고삐를 다시 죄기 시작했습니다. 창간된 이래 줄곧 일본에 맞서 오던 《개벽》이 폐간되고, 《어린이》도 모진 탄압을 받았어요. 어린이들에게 저항 의식을 부추긴다는 이유로 총독부에 의해 원고가 한두 줄씩 삭제되는 것은 예사였고, 잡지 전체를 몰수당해 한 달을 건너뛰고 내야 할 때도 있었어요.

하지만 정환은 흔들리지 않았어요. 총독부가 《개벽》을 폐간하자 《개벽》의 뒤를 잇는 《별건곤》이라는 잡지를 만들었고, 총독부가 《어린이》를 탄압하자 《어린이》에 조선 관련 특집 기사를 대대적으로 싣기 시작했어요. 을지문덕,

 강감찬, 이순신 등 민족의 정기를 드높인 위인들을 소개하고 한글, 온돌, 글씨와 그림 등 세계에 자랑할 만한 우리의 문화 유산을 소개해, 어린이들에게 조선 사람으로서 마땅히 가져야 할 기개와 자부심을 심어 준 거예요.
 그 탓에 정환은 경찰서를 자주 드나들게 되었어요. 이

따금 잡지에 실린 원고 때문에 감옥에 갇히기도 했어요. 하지만 힘겨운 나날을 보내면서도 정환의 마음 속에서는 '어린이를 위해 무엇을 할까?' 하는 생각이 떠나지를 않았어요.

1928년 10월 2일, 정환은 서울 천도교당에서 어린이들을 위해 또 하나의 선물 보따리를 풀어 놓았답니다. 독일, 러시아, 중국, 핀란드 등 전세계 20개국 어린이들이 그린 그림과, 그림 대회를 통해 뽑은 우리 나라 어린이들의 그림을 한자리에 모아 놓고 전시회를 연 거예요.

이 무렵에는 교통과 통신이 발달하지 않아 나라 사이에 편지를 주고받는 데도 몇 개월이 걸렸어요. 그런데 정환은 모든 어려움을 이겨내고, 식민지가 되어 세계 지도에서 이름마저 사라져 버린 우리 나라에서 세계적인 전시회를 열었지요. 세계 여러 나라에서 온 어린이들의 그림을 보고 우리 어린이들은 정말로 좋아했어요. 그림 앞에 서서 저 멀리 지구 반대편에 살고 있는 친구들을 생각하며 상상의 날개를 마음껏 펼쳤지요.

《어린이》가 주축이 되고 정환과 뜻을 같이한 사람들이 백방으로 뛰어 준비한 세계 아동 예술 전람회는, 학교 선생과 어린이 문화 운동을 고민하는 예술가들에게도 큰 도움이 되었어요. 어린이 문화 운동의 발전을 위해 정환은 이 전람회에서, 세계 어린이들의 그림만이 아니라 동화극, 가면극, 인형극과 관련된 자료와 각국의 어린이 잡지 및 아동 예술가의 사진 등도 전시했으니까요.

### 간수들도 감동시킨 방정환의 이야기

방정환은 《어린이》와 《별건곤》 등의 잡지에 실린 글 때문에 걸핏하면 경찰서에 불려갔고, 심지어 감옥에 갇히기도 했습니다. 스물아홉 살이 되던 1927년에도 잡지에 실린 글 때문에 서대문 감옥에 갇혔는데, 이 때 재미있는 일이 일어났습니다.

방정환은 무대에서만 동화를 들려준 것이 아니라, 사람이 몇이라도 모여 있으면 어디서나 동화를 들려주곤 했습니다. 서대문 감옥에 갇혀서도 버릇대로 감방을 같이 쓰던 사람들에게 동화를 들려주었지요. 그러자 방정환을 감시하던 간수들까지 방정환이 들려주는 이야기에 반해 버리고 말았습니다. 간수들은 방정환을 '동화 선생'이라 부르며 자기들끼리 망까지 보아 가면서 방정환의 동화에 귀를 기울였습니다. 그리고 방정환이 감옥에서 나올 때 이야기를 듣지 못하게 된 것을 몹시 섭섭하게 여겼답니다.

# 15
# 멎지 않는 코피

'내년이면 《어린이》가 나온 지도 벌써 6년이 되는구나. 보통 학교에 입학해서 《어린이》를 읽기 시작한 아이들이 상급 학교에 진학하고, 큰 아이들은 벌써 전문 학교에 들어갈 때야. 아, 그 아이들을 위해서도 뭔가를 만들어 주어야 할 텐데······.'

세계 아동 예술 전람회를 마친 1928년 말 어느 눈 오는 밤에, 정환은 동화 구연을 마치고 집으로 돌아가면서 새 잡지 구상에 골몰해 있었어요. 주위 사람들은 그런 정환을 몹시 걱정스럽게 바라보았어요. 이 무렵에 정환은 개벽사를 실질적으로 이끌어 나가면서 《어린이》는 물론이고, 《신여성》과 《별건곤》의 편집도 돕고 있었어요. 그런 마당에 새 잡지를 하나를 더 내겠다고 하니 정환의 건강이 걱정되었던 거예요. 정환은 세계 아동 예술 전람회를 열 때부터 걸핏하면 얼굴이 붓고 코피를 흘리고 두통을 앓았거든요.

하지만 정환은 새 잡지 창간하는 일을 포기하지 않았어요. 이듬해 3월 《어린이》를 졸업한 청소년 독자들을 위해 《학생》이라는 잡지를 펴내고, 《어린이》 못지않은 정성을 기울이며 편집에 힘을 쏟았지요.

그런 마당에 개벽사에는 정환을 찾는 전화가 끊이지 않았어요.

"선생님, 오늘 저녁에 저희 소년회에 오셔서 동화 하나 들려주십시오."

"선생님, 이번 달 저희 잡지에 이야기 하나 써 주십시오."

"선생님, 저희 소년회에 선생님도 꼭 와 주십시오."

모두 정환에게 뭔가를 부탁하는 전화였지요. 어린이의 일이라면 자다가도 벌떡 일어나던 정환은 아무리 힘들고 고단해도 '어린이를 위해서'라는 말을 들으면 부탁을 거절하지 못했어요. 번번이 "예, 그러지요." 하고 달려갔지요.

과로는 정환의 건강을 좀먹고 말았어요. 1931년 7월 9일, 일주일 내내 코피를 쏟던 정환이 그예 개벽사 사무실에서 정신을 잃고 쓰러지고 말았지요.

하지만 정환은 자신의 건강을 심각하게 생각하지 않았어요. 조금 쉬면 낫는다고 버티다가 7월 17일에야 가족의 성화에 못 이겨 경성제대(지금의 서울대학교) 부속병원에 입원을 했어요.

개벽사 식구들이 병문안을 갔을 때도 정환은,

"아, 병원에서 멀쩡한 사람보고 입원을 하라네."

라고 하며 머쓱하게 웃었어요.

하지만 정환의 상태는 몹시 심각했어요. 신장염과 고혈압이 악화되어 온몸이 붓고 앞을 보지 못하게 되더니, 급기야 산소 호흡기 없이는 숨도 쉴 수 없게 되었지요.

결국 정환은 1931년 7월 23일 오후 6시 45분, "어린이를 부탁하오." 라는 말을 남기고 영원한 잠 속으로 빠져들었습니다. 이 때 나이가 33세. 생을 마감하기에는 너무나 이른 나이였습니다.

## 바다를 좋아한 방정환

방정환이 눈만큼 좋아한 것이 있다면 바로 바다였습니다. 평소에도 늘 바닷가 모래 사장을 한가롭게 거니는 것을 꿈꾸었지요. 하지만 정환은 일이 바빠서 바다에 갈 짬이 없었습니다. 과로로 건강을 해친 뒤에야 그토록 보고 싶어하던 바다에 가게 되었지요. 병원에 가라는 주위 사람들의 권유를 뿌리치고 인천 앞바다로 요양을 간 것입니다.

모처럼 찾은 바다였지만 정환은 악화된 건강 때문에 바다를 마음껏 즐기지 못했습니다. 그러곤 결국 경성제대 부속병원에 입원을 했고 얼마 뒤에 세상을 떴지요. 그토록 꿈꾸던 바다를 죽음 직전에야 찾아가 마음껏 즐기지도 못한 정환이 마음에 걸렸던 것일까요? 정환이 죽은 뒤 가족들은 정환이 가장 좋아하던 인천의 만국공원 앞으로 이사를 가서 죽 그 곳에서 살았답니다.

어린이대공원에 있는 방정환 동상

# 16
# 울음바다가 된 장례식장

당신은 고달팠습니다. 너무도 고달팠습니다.

남달리 세상을 위해 많은 일을 하시느라 당신의 몸은 몹시도 고달팠습니다. 잡지 편집만으로도 고달프실 터인데 학교 일, 소년회 일, 또 집안일에, 고달프다 못해 시들었습니다.

아아, 당신의 고달픈 얼굴이, 그 말할 수 없이 시든 얼굴이 우리들 머리에 사라질 날이 있사오리까. 그 고달픈 얼굴에 웃음을 보기 전에, 그 닦아 놓은 화단에 꽃과 열매가 맺기도 전에, 왜 당신은 이 세상을 떠나셨습니까?

너무도 이르지 않습니까? 너무도 빠르지 않습니까?

왜 말씀이 없습니까! 왜 당신은 벌써 말이 없습니까!

방정환

당신이 평생을 바쳐 끔찍이 아끼고 위하시려던 저 어린 소년들의 가엾은 눈물을 왜 보지 못하십니까.

이 울음, 이 눈물을 남겨 두시고 당신은 정말 어디를 가시렵니까!

7월 25일 천도교당 앞마당에서 열린 소파의 장례식에서, 개벽사에서 한솥밥을 먹으며 《어린이》를 펴내던 후배이자 동료 이정호가 조사를 읽었습니다.

정환이 죽었다는 소식을 듣고 아침부터 울며불며 장례식장으로 몰려온 아이들은, 이정호의 조사를 들으며 통곡하기 시작했습니다. 식이 끝나고 정환의 시신을 실은 영구차가 화장터를 향해 출발하자, 아이들은 아예 영구차에 매달려

"가지 마세요! 선생님, 가지 마세요!"
하고 울부짖었습니다.

그러나 영구차는 어린이들을 떼어 놓고 무심히 홍제원 화장터로 향했습니다. 정환은 이 곳에서 화장이 되어 납골당에 안치되었다가, 5년 뒤인 1936년에 망우리의 묘소로 옮겨졌습니다.

동심여선(童心如仙)

정환이 묻힌 망우리 묘소에 가면 지금도 묘비에 이런 글귀가 새겨져 있습니다. '동심여선'이란 어린이의 마음은 천사와 같다는 뜻입니다. 천사와 같은 어린이의 마음을 지키고 보호하기 위해 짧은 생을 불태워 버린 방정환은, 죽어서도 길이길이 어린이의 벗으로 기억되고 있습니다.

망우리에 있는 방정환 묘비

# 열린 주제

## 희망의 싹을 틔운 동화 작가들

일제하에서 우리 민족이 신음하고 있을 때, 자라나는 어린이들이 희망의 싹을 틔울 수 있도록 그들만의 이야기를 들려준 동화작가들이 있었습니다. 바로 이원수, 마해송, 이주홍, 이태준 등입니다.

이원수는 우리나라를 대표하는 동화 작가입니다. 열다섯 살에 아버지에 대한 그리움과 고향에서의 어린 시절을 그리며 지은 '고향의 봄'을 《어린이》에 투고하면서 아동문학을 시작했습니다. '고향의 봄'은 지금까지도 가장 즐겨 불리는 동요입니다. 초기에는 《어린이》의 영향을 많이 받아 방정환의 동심 천사주의 문학 경향을 보였지만, 점차로 현실 속에서 고통받는 불우한 어린이의 구체적인 삶에 관심을 가지는 등 자신만의 독특한 문학 세계를 보여 주었습니다. 해방 후 이념의 갈등과 분단, 전쟁의 소용돌이 속에서 살아가는 아이들의 모습을 사실적으로 그린 동화들을 주로 썼습니다.

마해송은 1923년 우리나라 최초의 창작동화 〈바위나리와 아기별〉을 어린이 잡지 《샛별》에 발표하면서 동화를 쓰기 시작했습니다. 방정환 등과 함께 색동회 회원으로 활발한 활동을 벌였으며, 해방 후엔 이원수, 강소천 등과 함께 '한국아동문학회'를 창립하는 등 어린이 문학을 정립하는 데 큰 역할을 했습니다.

이원수

1957년엔 대한민국 어린이 헌장을 기초하고, 국내 최초로 어린이 헌장비 건립을 주도하기도 했습니다. 해방 전후의 민족 현실을 우화적으로 풀어 들려주는 《토끼와 원숭이》를 비롯해 《떡배단배》, 《모래

알 고금〉, 《토끼와 원숭이》 등 총 일곱 권의 동화집을 남겼습니다.

　이주홍은 현실을 풍자하기 위한 수법의 하나로 우화적 수법을 즐겨 사용했습니다. 같은 시대에 활동한 마해송의 우화가 한민족을 힘없고 수동적인 존재로 표현한 데 반해, 이주홍은 우리 민족을 비록 개개인은 힘이 약하더라도 단결하면 외세를 물리칠 수 있는 적극적인 존재로 표현했습니다. 장편 소년소설 〈아름다운 고향〉과 어린이의 순수함이 빛나는 동화 〈섬에서 온 아이〉 등을 썼습니다.

이주홍

　이태준은 1930년대를 대표하는 단편 소설 작가 중 한 사람입니다. 1925년, 일본에서 집필한 〈오몽녀〉를 신문에 발표하면서 작품 활동을 시작했고, 귀국 후 《어린이》에 동화를 발표했습니다.

　그는 감동을 주는 간결한 문장으로 일제하에서 고통받던 하층민의 삶을 잘 그려 냈습니다. 동화로 〈어린 수문장〉, 〈불쌍한 삼형제〉, 〈몰라쟁이 엄마〉를 남겼습니다.

경상남도 양산시 춘추공원에 있는 이원수 노래비

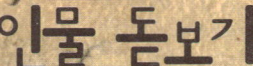
## 인물 돋보기

## 어린이날의 유래

지금 어린이날은 5월 5일이지만 처음 만들어질 당시엔 5월 1일이었습니다. 어린이날은 어린이의 인격을 존중하기 위해 1922년 방정환의 지도 아래 천도교 서울지부 소년회를 중심으로 만들어졌습니다. 여기에는 일제 강점기에 어린이들에게 민족 정신을 일깨우고자 하는 취지가 담겨 있었습니다. 어린 시절부터 어린이들로 하여금 인권 옹호 사상에 눈뜨게 하고 3·1 운동 이후 자라나는 어린이들에게 국권 회복의 기대를 걸어 보려던 방정환, 김기전 등 당시 민족운동가들의 뜻이 담긴 일제 저항 운동의 일환이었습니다.

1925년에는 어린이날 기념 행사에 전국의 소년, 소녀들이 30만 명이나 참가할 정도로 그 규모가 커졌습니다. 그 뒤로 해마다 어린이날 행사를 가졌지만 일제 강점기 말기, 총독부의 민족 말살 정책에 의해 일시 중단되기도 했습니다. 그러다 해방이 되면서 1946년부터 5월 5일로 어린이날을 바꾸었고 공휴일로 정해 다시 어린이날 행사를 열기 시작했습니다.

1957년엔 어린이헌장을 공포하는 등 어린이에 대한 기본 사상을 재정립했고, 어린이 인권 존중의 의미를 일깨우며 지금에 이르고 있습니다.

어린이날을 맞아 기념 행사에 참가한 어린이들이 즐거워하고 있다.

어린이의 친구
방정환

## 색동회

색동회는 어린이날을 만들고 운영해 나가는 데에 주도적인 역할을 한 단체입니다. 1923년 5월 1일, 일본 도쿄에서 유학 중이던 방정환을 중심으로 손진태, 조준기 등이 주축이 되어 색동회를 만들었습니다. 뒤에 윤극영, 마해송, 윤석중 등이 가입해 함께 활동했습니다.

**색동회 동인들** | 앞줄 왼쪽부터 진장섭, 조재호, 뒷줄 왼쪽부터 마해송, 정인섭, 손보태.

방정환의 주도로 어린이 잡지 《어린이》를 창간했으며, 아동예술강습회를 열고 어린이날에는 가극 공연과 동화·동요회를 여는 등 어린이의 의식을 일깨우는 활발한 활동을 벌였습니다. 그러나 1931년에 방정환이 죽고 민족의식을 말살하려는 일제의 탄압이 가해지면서 《어린이》도 폐간되고 말았습니다. 물론 각종 어린이날 행사도 치를 수 없게 금지되었습니다.

점차 유명무실해지던 색동회는 해방이 되면서 다시 활동을 시작해 1946년에 《어린이》를 다시 출간했고, 어린이날을 5월 5일로 변경해 다시 운영했습니다. 이후 방정환을 기념하기 위한 소파상을 제정하고, 어린이 헌장을 선포하는 데 앞장서는 등 방정환의 뜻을 이어받아 활발한 활동을 벌였습니다.

인물 돋보기

# 연대표

| 방정환의 생애 | 세계의 동향 |
|---|---|
| | *1898* 중국, 무술정변 일어남. |
| *1899* 11월 9일, 서울 야주개(지금의 당주동)에서 어물전과 싸전을 하던 방경수의 아들로 태어남. | *1899* 보어전쟁 발발함. |
| | *1900* 중국, 의화단운동 일어남. |
| | *1904* 러일전쟁 발발함. |
| | *1905* 러시아, 피의 일요일 사건 일어남. |
| *1907* 아버지의 사업이 망해 사직동 초가집으로 이사함. | *1907* 삼국협상(영국·프랑스·러시아) 체결됨. 제2차 헤이그 만국평화회의 열림. |
| *1909* 보통 학교에 입학함. | *1910* 대한제국, 일본에 합병됨. |
| | *1911* 중국, 신해혁명 일어나 청나라 멸망함. |
| | *1912* 중화민국 성립됨. |
| *1913* 보통 학교(4년제)를 졸업하고 선린 상업 학교에 입학함. | |
| *1914* 선린 상업 학교를 그만둠. 최남선이 펴낸 문예 잡지 《소년》, 《붉은 저고리》, 《아이들 보이》, 《새별》 등을 탐독함. | *1914* 제1차 세계 대전 발발함. 파나마운하 개통됨. |
| | *1915* 중국, 문학혁명 일어남. |
| *1916* 천도교 청년회 활동에 참여함. | |

### 어린이의 친구 방정환

| 방정환의 생애 | 세계의 동향 |
|---|---|
| *1917* 의암 손병희의 셋째 딸 손용화와 결혼함. | *1917* 러시아, 10월혁명 일어남. |
| *1918* 맏아들 운용 태어남. 보성 법률 학교(보성 전문 학교)에 들어감. 이중각, 이복원, 유광렬 등과 함께 비밀 결사인 '청년 구락부'를 결성함. | *1918* 미국 윌슨, 평화원칙 14개 조 발표함. |
| *1919* 청년 구락부의 기관지 《신청년》을 펴냄. 3·1 운동이 일어남. 〈조선 독립 신문〉이 발행 중단 위기에 놓이자, 일본 경찰의 눈을 피해 비밀리에 신문을 찍고 배포함. | *1919* 베르사유 조약 체결됨. |
| *1920* 《개벽》에 〈불켜는 이〉라는 번역 동시를 발표함. '어린이'라는 말을 씀. 9월, 일본으로 유학해 《개벽》의 도쿄 통신원으로 일함. | *1920* 국제연맹 창립됨. |
| *1921* 5월 1일, 김기전, 이정호와 함께 천도교 소년회를 세움. | *1921* 중국공산당 성립됨. |
| *1922* 5월 1일, 창립 일 주년을 맞은 천 | *1922* 소비에트 사회주의 공화국 성립됨. 터키혁명 일어남. |

| 방정환의 생애 | 세계의 동향 |
|---|---|
| 도쿄 소년회가 독자적으로 '어린이의 날'을 선포함.<br>5월 19일, 장인 손병희 세상을 뜸.<br>6월, 개벽사에서 세계 명작 번안 동화집 《사랑의 선물》 출간함.<br>*1923* 어린이 잡지 《어린이》 창간함.<br>색동회를 세움.<br>5월 1일, 조선 소년 운동 협회 주최로 제1회 어린이날 기념식이 열림.<br>*1924* 아동 문제 강연회 및 아동 예술 강습회를 가짐. | <br><br>*1925* 5·30사건 일어남.<br>아문센이 북극을 탐험함. |
| *1926* 총독부로부터 수난을 겪던 《개벽》이 통권 72호를 끝으로 강제 폐간됨.<br>차상찬과 함께 《별건곤》을 발행함.<br>*1927* 《별건곤》에 실린 기사 때문에 차상찬과 서대문 감옥에 갇힘.<br>*1928* 일제의 탄압에 맞서 《어린이》를 계속 발간함.<br>동화 구연 대회 및 강연회를 개최함.<br>10월 2일부터 10일까지 세계 아동 예술 전람회를 개최함. | *1927* 중국, 난징에 국민정부 수립됨.<br><br>*1928* 소련, 토지사유금지령 제정함. 파리 조약 조인함. |

어린이의 친구
**방정환**

| 방정환의 생애 | 세계의 동향 |
|---|---|
| *1929* 3월 1일, 청소년을 위한 잡지《학생》을 펴냄. | *1929* 뉴욕의 주가 대폭락, 세계 대공황 시작됨. |
| *1930* 창간 7년째를 맞는《어린이》의 발행 부수가 3만을 돌파함. | *1930* 인도의 간디, 소금 행진을 함. |
| *1931* 7월 9일, 사무실에서 일을 하다가 코피를 쏟고 쓰러짐.<br>7월 23일, 33세의 나이로 세상을 뜸. | *1931* 마오쩌둥, 중화 소비에트 임시정부 수립함. 만주사변 일어남.<br>*1932* 만주국 성립됨.<br>*1933* 히틀러, 독일 총리로 취임함. 미국, 뉴딜정책 실시함. |
| *1934* 총독부의 탄압으로《어린이》폐간됨. | |
| *1936* 사망 5주기를 맞아 홍제동 화장터 납골당에 있던 유골이 망우리 아차산 묘역으로 옮겨짐. | |
| | *1937* 중일전쟁 시작됨.<br>*1938* 독일, 오스트리아를 합병함. 뮌헨 회담 개최함.<br>*1939* 제2차 세계 대전 시작됨.<br>*1941* 대서양헌장 발표됨. 태평양전쟁 발발함.<br>*1942* 독일, 소련을 침공함.<br>*1943* 제1차 카이로회담, 테헤란회담 열림. |

연대표